위기의 극복

위기의 극복

초판1쇄 발행 2010년 12월 20일

지은이: 마일즈 먼로
옮긴이: 천슬기
펴낸이: 김수곤
펴낸곳: 선교횃불(ccm2u)
등록일: 1999년 9월 21일 제54호
주소: 서울시 송파구 삼전동 103번지
전화: (02)2203-2739
FAX: (02)2203-2738
E-mail: ccm2you@gmail.com
Homepage: www.ccm2u.com

ⓒ Copyright 2009—Myles Munroe
Korean translation edition ⓒ 선교횃불, 2010
이 출판물은 저작권법에 의해 보호를 받는 저작물이므로 무단전재와 무단복제를 금합니다.

책값은 뒷표지에 있습니다.
ISBN 978-89-5546-152-7

위기의 극복

어려운 시기에도 성공하는 비밀

마일즈 먼로 지음 | 천슬기 옮김

신교횃불

차례

서문 ...6

서론 ...8

1장 세계적 위기, 개인적 위기...14
2장 위기를 극복하려면?...36
3장 관리의 임무...56
4장 위기를 관리하는 일곱 가지 방법...82
5장 위기의 시절 극복하기...102
6장 씨앗의 원칙...126
7장 위기의 시기에도 성공하는 비법...146
8장 직장의 위기: 당신의 직업을 초월하는 당신만의 일을 발견하라...164
9장 왕국의 배치...190
10장 위기의 유익을 극대화하라...214
11장 위기를 극복하는 열 가지 방법...236

서문

믿었던 모든 게 한순간에 무너진다면? 인생의 갑작스런 변화에 맞닥뜨린다면? 삶이 당신의 약점을 공격한다면? 평생을 바쳐 헌신하고 충성을 다하여 일했는데 하루아침에 직업과 적성을 바꿀 수 있는가? 잘못한 것도 없는데 갑자기 일생의 꿈과 투자가 물거품이 된다면? 당신을 보호해줄 거라 믿었던 제도가 발목을 걸고넘어진다면? 더 이상 가족들에게 안전과 공급이라는 든든한 기대를 채워줄 수 없게 된다면?

일은 하고 싶지만 일자리가 없다면? 성취에 대한 자신감이 생존의 불길 속에서 타버렸다면? 창립 때부터 몸 바쳐 일했던 회사가 갑자기 당신을 해고하고 지금껏 쌓은 모든 노고와 업적이 사라진다면? 또한 부와 명예를 좇기 위해 가족들을 저버렸는데 직장이 사라져버린다면? 도움을 구할 데도 사방이 막혔다면?

위의 모든 질문들은 인생의 어려운 시기를 맞은 수백 명의 사람들을 상담하면서 접하게 된 실제 상황들이다. 상황은 각기 다르지만 우리는 이를 위기라고 한다.

우리는 위기를 만나게 될 것이다. 스스로 통제하지도, 예상치도, 예방할 수 없는 상황들말이다. 지금도 깨어진 결혼, 사산, 예기치 못한 배우자 및 자녀 등 사랑하는 이의 죽음에서 벗어나려고 발버둥치고 있는지 모른다. 혹은 꿈꾸던 집, 꿈꾸던 자동차, 아기 또는 직장을 잃어버렸는지도 모른다. 당신의 상황이 어떠하든 이 모두는 위기이다.

이 땅에서 예상치 못한 일들을 예상하고 대비해야 한다. 이것이 인생의 법칙이다. 그런데 이러한 혼란의 계절을 성공적이고 효과적으로 견뎌내기 위해 필요한 정신적, 정서적, 심리적, 영적 도구를 가지고 있는 사람은 많지 않다. 당신도 그러하다면 이 책을 당신에게, 그리고 위기는 지나가고 인생은 계속된다는 것을 알아야 하는 당신이 사랑하는 이에게도 권하고 싶다.

서론

오늘날 세계는 위기에 처해 있다. 과거에는 '세계적 위기'와 같은 개념이 없었다. 세계화는 거리, 문화, 무역관세, 국제 의사소통 수단과 같은 국가 간의 장벽 붕괴를 설명하는 현대 용어이다. 이 새로운 국제적 현상은 현대식 교통수단의 출현으로 시작되어 라디오와 텔레비전 발명 및 전화 기술로 심화돼, 마침내 컴퓨터와 사이버스페이스 기술의 도래로 폭발적인 증가가 일어났다.

이러한 발명품들은 우리가 아는 대로 사람들의 움직임, 국제 무역 및 상업, 이민과 이주, 문화적 상호작용, 정치적 협력에 영향을 미치면서 지구라는 행성 위의 삶을 영원히 바꾸어 놓았다. 이 세계적 변화가 낳은 가장 중요한 결과는 국가들의 상호의존이다. 이 새 시대는 한 국가의 사회적, 정치적, 경제적, 문화적 환경의 사정과 사건, 혹은 주요한 변화가 다른 국가 및 공동체의 환경에 영향을 미친다.

원고를 쓰고 있는 지금, 세계는 국제적 위기를 맞이했다. 들려오는 뉴스마다 경제 침체나 붕괴에 대한 정보들뿐이다. 모든 사람들, 최고의 부자들도 어떤 모양으로든 영향을 받는다. 아무도 멈출 수 없다.

별안간 세상의 모든 나라들이 불경기 혹은 경기 하강을 겪게 되었다. 실업률이 치솟고 있다. 자택 소유자들은 유질처분을 생각하고 있다. 사업체들은 파산과 청산에 직면하고 있다.

우리 바하마는 관광산업에 크게 의존한다. 돈이 빠듯해질 때 가장 먼저 무엇을 절약할지 한번 생각해보라. 바하마 사람들의 직업 90퍼센트가 관광산업을 중심으로 이루어져 있다. 그래서 경제 침체나 불황으로 관광객들의 발길이 끊어지게 되면 나라 전체가 흔들리게 된다.(얄궂게도 대공황 위기가 지속되고 쿠바가 사회주의 국가가 되기 전에는 쿠바가 이 지역에서 최고의 관광지였다. 우리나라가 대안적 휴양섬으로 성공을 거둔 것은 경제침체 덕분이라는 의미이다).

한편 계속되는 전쟁과 전쟁의 소문은 도시와 나라들을 죽이고, 전 세계적인 범죄 및 인간 타락의 수준을 높이고 있다. 사람들은 이제 비디오테이프와 사진으로 접하는 난민들의 고통스러운 얼굴을 심드렁하게 여긴다. 지난 날 우리는 테러리스트들에 대한 이야기는 꺼낼 일이 거의 없었는데 이제는 그 단어를 매일 들을 수 있게 되었다.

인간의 통제를 완전히 벗어나는 자연재해 역시 인간의 행복을 위협한다. 지금도 어디선가 허리케인, 태풍, 토네이도, 지진, 이류(泥流), 쓰나미, 가뭄, 홍수, 기근이 일어나고 있다. 사람들은 언제나 어떠한 종류의 위기에 처해있고 상처 입기 쉽다. 부서지기 쉽다. 세계 경제가 안으로 폭발할 때 공포심은 밖으로 폭발한다. 공포는 자신감의 부족으로 정의되는데 공포 자체가 불경기의 먹잇감이다. 소비자가 체제에 대한 신뢰를 상실할 때 그들은 구매를 중단한다. 자본주의 경제체제에서 소비자의 신뢰는 아주 중요하다. 자본주의 경제는 사람들의 구매와 판매로 움직이기 때문이다. 소비자들이 구매를 멈추면 판매자들도 판매를 중단해야 한다. 소득은 감소하고 모아둔 재산도 줄어들기 시작한다. 그러나 공포심은 줄어들지 않는다. 늘어날 뿐이다.

일어나는 일에 비하면 위기란 그다지 강력한 단어가 아니다. 우리는 전 세계적 위기를 경험하고 있으며, 대부분의 사람들도 중요한 개인적 위기를 경험하고 있다(혹은 그럴 것이다). 우리의 개인적 위기는 더 광범위한 위기와 관련될 것이다. 잘 다니던 직장을 잃을 수 있다. 사업체를 운영하고 있다면 경비를 절감하여 어려운 시절을 헤쳐나갈 새 전략을 찾아야 할지도 모른다. 목사나 선교사라면 후원자들이 당신의 사역에 더 이상 물질로 후원하지 못할 수 있다.

무엇보다도 당신은 평범한 수준의 어려움들을 다루어야 할 것이라는 점이다. 건강 문제, 결혼 문제, 가족 문제가 있을 수 있다. 때론 기존의 문제에다 재정적 어려움까지 더해지면서 감당하기 버거울지도 모른다. 자신에게 어떤 일이 벌어졌는지 깨닫기도 전에 이미 초경계 위기 모드로 진입하게 될 수도 있다.

이 책의 목적은 당신을 겁주려고, 속보를 전하려고, 비참한 세계의 상황을 탄식하려는게 아니다. 오직 당신에게 실제적인 조언을 해주려는 것이다.

내 생각이 아니다. 나는 단지 모든 위기에 대한 해답을 가지고 계시는 그분의 심부름꾼일 뿐이다. 전문가들조차 무얼 해야 좋을지 모를 때, 지금 바로 전문가들보다 더 현명하신 분과 친해질 시간이다. 위기를 극복해야 할 때, 승리자를 바라보아야 할 때이다.

당신은 하나님의 나라는 절대 위기에 빠지지 않음을 알아야 한다. 이를 마음에 새기기 바란다. 하나님의 나라는 절대 위기 모드에 들어가지 않는다. 왕은 일어났던 위기, 일어날 위기, 혹은 지금 일어나고 있는 어떠한 위기보다도 더 크시기 때문이다. 그분은 무엇을 해야 하는지 알고 계신다.

그분은 무얼 해야 할지 아실뿐만 아니라 우리를 개인적으로 그리고 전체적으로 돌보신다. 그분은 사람들을 사랑하신다. 자신의 백성을 절대 버리지 않으신다. 중요한 것은 당신이 그분의 백성들 중 한 명임을 확신하는 것이다.

이 책은 당신이 하나님 나라의 백성으로서 그분의 원칙을 따라 걷고 있는지를 확인하는 방법에 대한 것이다. 이 책은 당신의 현 상황을 파악하게 도와주고, 그분의 의의 기준에 합한 방법을 가르쳐주어 모든 위기를 극복할 수 있게 할 것이다. 그렇게 되면 당신도 동일한 방식으로 이웃을 도울 수 있다. 당신이 하나님 나라의 백성이라면 모든 위기에 대한 해결책을 가지고 있는 셈이다.

당신에게 위기 없는 삶을 약속하는 것이 아니다. 나는 당신에게 크든 작든 모든 위기를 극복하는 방법, 그 해결책을 약속하는 것이다. 그리스도인을 포함해 어느 누구도 위기를 면제받지 못한다. 당신에게 위기가 있을 것이다. 예수님은 말씀하셨다.

"세상에서는 너희가 환난을 당하나 담대하라 내가 세상을 이기었노라"

(요 16:33)

지금 당신이 직면한 위기는 무엇인가? 하나님이 당신의 위기를 성장과 은혜의 기회로 바꾸실 때 이 지친 세상에 하나님의 나라가 임하게 할 수 있을 것이다.

세계적 위기,
개인적 위기

01

1장
세계적 위기, 개인적 위기

믿음의 씨앗은 언제나 우리 안에 있다.
때론 그것이 자라는데 필요한 영양분과 격려가 위기로부터 나온다.

-수잔 테일러

'위기'의 구성요소는 무엇인가? 상황이 얼마나 나빠야 하는가? 당신은 인생에서 어떤 위기를 겪었는가? 지금은 어떤 위기에 처해 있는가?

누구에게는 위기이지만 다른 사람에게는 위기가 아닐 수 있다. 그러나 모든 사람에게 있어 위기란 통제 범위를 벗어난 사건이다. 위기는 예상하지도 대비하지도 못한 경험이다. 그것은 당신을 깜짝 놀라게 하고 불안하게 만든다.

허리케인이 다가온다는 일기예보를 들었다고 하자. 바하마에 사는 우리에게 허리케인이 온다는 것은 심각한 상황이다. 왜냐하면 허리케인은 꾸물꾸물 늑장부리며 닥치는 게 아님을 알기 때문이다.

당신의 우선순위가 갑자기 달라진다. 친구를 방문하려고 했던 계획을 수정한다. 가족과 함께 살고 있다면 안전을 점검할 것이다. 허리케인이 동네를 덮치기 전에 모든 방법을 찾아볼 것이다.

의사가 말한다. "습관을 바꾸지 않으면 3주 밖에 살지 못합니다." 농담이 아니다. 갑자기 변해야 하는 동기이다. 이는 위기이다. 식사, 흡연 등 지금까지 해온 생활 습관의 결과를 피할 수는 없지만 이제 고쳐야 할 충분한 이유가 생겼다. 당신은 더 이상 치즈 케이크와 마카로니 샐러드를 접시에 가득 담아 먹지 않을 것이고, 대신 생당근을 먹기 시작할 것이다. 50년간 금연을 시도하는 데 실패했지만 이제는 한 번에 끊게 될 것이다.

위기는 빠른 결정을 요구한다. 당신은 눈앞에 닥친 위기를 통제할 수 없지만, 상황의 세부사항들은 통제할 수 있다. 당신은 어느 정도 진전할 수 있다. 나중에는 당신을 변화시켜준 그 위기에 감사하게 될지도 모른다.(내가 허리케인을 좋아하는 한 가지 이유는 청소를 말끔히 해준다는 점이다. 허리케인이 한 번 지나가면 썩은 나무, 부실 공사, 널려있는 쓰레기 등으로 엉망진창이 된다. 하지만 5개월 후에는 어질러진 것들이 치워지고 깨끗해진 풍경, 새로운 꽃, 새로운 건물을 보게 된다.)

위기의 효과

예수님은 우리에게 환난을 당할 것이라고 말씀하셨다(요 16:33). 우리가 사는 동안 하나의 위기가 지나가면 또 다른 위기가 닥칠 것이다. 위기를 벗어나려고 아무리 잘 정비해도 소용이 없다. 그러므로 상황뿐만 아니라 문제에 대한 정서적 반응을 극복하는 법을 배우는 것이 중요하다. 폭풍 가운데서도 정서적 반응을 되찾을 수 있으면 위기를 극복할 수 있을 것이다. 그리고 우리의 발을 하나님의 굳건한 반석 위에 두어야 한다.

위기는 다음과 같은 정서적 반응을 일으킨다.

* 두려움
* 정신적 충격
* 우울
* 절망
* 좌절
* 불안
* 외로움
* 염려
* 절망

다음과 같은 마음 상태에 사로잡힐 수 있다.

* 자포자기
* 상실감
* 자살 충동
* 절박감

두려움은 사람들을 위기에 반사적으로 반응하게 하고, 결국 다음과 같은 부정적인 결과에 말려들게 한다.

* 학대(신체적, 심리적, 언어적)
* 범죄
* 가정폭력
* 약물복용

이러한 반응들은 사람들을 더한 위기로 몰아간다. 내가 무엇을 의미하는지 이해할 것이다.

전문가들은 도와줄 수 없다

빠른 속도로 번져나가 경제적 질병이라 불리는 '불경기'는 우리 대다수에게 개인적 위기를 일으키거나 혹은 기존의 위기를 가중시킨다. 2008년 가을의 금융공황 초기에 일부 논평자들은 더 소름끼치는 단어인 '불황'을 사용하기 시작했다. 경제 불황은 대개 개인적 공황을 야기한다. 하나의 위기가 또 다른 위기 위에 중첩된다.

이 세상의 체제가 붕괴되고 있다. 세상은 두려움으로 가득하다. 권력자들은 자기 손을 쥐어짜고 있다. 지도자들은 무얼 해야 할지 모른다. 영국의 국무총리(이자 경제전문가)인 고든 브라운이 말하듯이 그들은 "실험을 하고 있다." 많은 결정들이 경험보다는 이론에 근거하고 있다. 그 실험이 효과가 있을지 아직 모른다. 아무도 이러한 종류의 위기 상황을 대면한 적이 없기 때문이다.

세계의 경제 체제는 통제를 벗어나 회전하고 있다. 권력자들은 그 붕괴를 막기에 무력하기만 하다. 비교적 통제하기 쉬웠던 과거를 생각해보면 "그 시절이 좋았지" 라는 말이 절로 나온다. 그때로 돌아가기에 이젠 너무 늦었다.

비난 게임

누군가 혹은 무언가를 비난하는 추세가 만연하다. "이건 누구 잘못이지? 따져보자!" 하지만 그건 전혀 도움이 안 된다. 사실 비난할 사람도 사건도 없다. 직장에서 해고되면 경영진이나 회사를 비난하고 싶을 것이다. 책임이 있는 누군가를 붙잡고 싶어진다. 말하건대, 에너지를 그런 것에, 특히 그런 걸로 시간을 낭비하지 마라. 전 세계가 위기에 빠져 있고, 당신 역시 말에서 떨어졌을 뿐이다.

미국 의회가 연방준비위원회의 대변인에게 주가대폭락의 원인을 물었을 때, 그가 한 대답에 성경적인 단어가 하나 들어 있었다. 탐욕. 책임자들이 탐욕스러지면 자신이 이용할 수 있다고 생각하는 경제 체제를 붕괴시키는 씨앗을 심는다고 대변인은 말했다.

탐욕이란 무엇인가? 타인의 유익을 무시하면서 개인적 이익을 위해 자원을 부당하게 관리하는 것이다. 타인의 것까지 희생하여 자신이 필요한 것보다 더 많은 것을 원할 때를 말한다. 하나의 베개만 있으면 되는 데 열 개를 원하는 것이다. 한 끼에 맞는 음식만 있으면 되는데 레스토랑 전체를 원하는 것이다.

탐욕스러운 사람들은 누가 다쳐도 개의치 않는다. 자신이 원하는 대로 추구하고 다른 사람들을 배려하지 않는다. 더 많은 돈, 더 높은 지위, 더 많은 쾌락을 얻을 기회를 엿보고 그 과정에서 얼마나 많은 사람들을 밟아야 하는지에 관계없이 자신의 이기적인 목표를 추구하기 위해 매진한다.

현재 미국인 수천 명이 자기 집을 잃고 있다. 갈 데가 없는 세대들로부터 매주 3,000건의 주택 유질처분이 발생하고 있다. 그들 중 일부는 결국 자동차에서 살게 될 것이다. 이 글을 쓰는 시점에서 볼 때, 2009년 말에는 200채 이상의 집이 사라질 것으로 추정된다고 한다. 탐욕스러운 소수의 몇 사람이 타인들에게 슬픔의 해일을 일으켰다.

 탐욕은 앙심, 기만, 절도, 시기, 악한 생각, 음란, 간통, 중상, 교만, 살인, 우매함(막 7:21-22 참조)과 같은 파트너들과 손잡고 걷는다. 이러한 악들이 함께 다니는 이유는 모두가 인간의 악한 마음에서 나온 것이기 때문이다. 여러 가지 면에서 그들은 탐욕의 측면들을 대표한다. 절도는 도둑에게 가치 있는 탐욕이다. 시기와 중상은 명성에 대한 탐욕이다. 음란과 간통은 성적인 탐욕이다. 교만과 살인은 권력과 복수에 대한 탐욕을 말한다.

 예수님은 부자이지만 어리석은 농부에 대한 우화를 통해 탐욕을 피하라고 말씀하셨다.

 그들에게 이르시되 삼가 모든 탐심을 물리치라 사람의 생명이 그 소유의 넉넉한 데 있지 아니하니라 하시고 또 비유로 그들에게 말하여 이르시되 한 부자가 그 밭에 소출이 풍성하매 심중에 생각하여 이르되 내가 곡식 쌓아 둘 곳이 없으니 어찌할까 하고 또 이르되 내가 이렇게 하리라 내 곳간을 헐고 더 크게 짓고 내 모든 곡식과 물건을 거기 쌓아 두리라 또 내가 내 영혼에게 이르되 영혼아 여러 해 쓸 물건을 많이 쌓아 두었으니 평안히 쉬고 먹고 마시고 즐거워하자 하리라 하되 하나님은 이르시되 어리석은 자여 오늘 밤에 네 영혼을 도로 찾으리니 그러면 네 준비한 것이 누구의 것이 되겠느냐 하셨으니 자기를 위하여 재물을 쌓아 두고 하나님께 대하여 부요하지 못한 자가 이와 같으니라 (눅 12:15-21).

마음을 살피라

당신은 이렇게 말할지도 모른다. "경제가 이 모양 이 꼴이 된 게 부자들의 탐욕 때문이라는 말이지. 그런데 그게 실업자 대열에 끼여 있는 나랑 무슨 상관이야?"

우선, 당신에게 경고가 될 수 있다. 동일한 전철을 밟지 마라. 재정적으로 불안하다고 해서 무모하고 어리석은 짓을 저지르지 마라. 부정한 일을 하지 마라. 세상과 같은 길로 가지 마라. 자신에 대해 걱정하지 마라. 대신 하나님을 신뢰하고 그분에게 무엇을 해야 할지 물어보라. 그분은 당신에게 말씀하실 것이다. 혼자 문제를 해결하려고 애쓰지 말고 하나님이 말씀하시는 방향에 주의를 기울여라.

당신이 주의를 기울이면, 하나님이 당신의 양심을 언제 찌르시는지 알게 될 것이다. 어떠한 악의나 사기, 절도, 시기, 악한 생각, 음란, 간통, 중상, 교만, 살인, 우매함을 꾸미기 시작할 때 경고하실 것이다.

예수님이 "삼가"라고 말씀하셨다. 이는 당신이 탐욕스러운지 모를 때 일어날 수 있는 일이라고 하신 것이다. 낡은 차를 몰고 출근하고 있다고 하자. 그때 누군가 빛나는 새 차를 몰고 지나간다. 당신은 새 차가 필요한 건 아니다. 낡긴 했지만 아직 성능도 좋고 할부금도 다 갚았다. 그런데 무엇이라고 말하는가? "아, 주님께서 내게 새 차의 축복을 주실 거야." 왜 그런 것이 축복이라고 생각하는가? 당신은 새 차가 필요하지 않다. 새 차를 사게 되면 빚을 진다. 당신은 그걸 축복이라 부르는가? 하나님은 그것을 빚이라 부르신다. 당신의 차도 충분히 좋다. 이후에 그런 상황이 생긴다면 예수님의 조언을 받아들여라. "삼가 모든 탐심을 물리치라 사람의 생명이 그 소유의 넉넉한 데 있지 아니하니라."

나는 바하마의 한 부자 동네에 사는 고(故) 존 템플턴을 방문했을 때를 절대 잊지 못할 것이다. 나는 그의 사무실로 걸어 들어갔다. 그가 미소를 띠며 나에게 입맞춤으로 인사했다. 내 앞에 선 이 늙은 남자는 하도 많이 입어 남루해진 부시 재킷과 다 해어진 셔츠에 구멍이 뿅뿅 뚫린 테니스화를 신고 있었다. 이러한 차림새의 남자가 세상에서 가장 부유한 사람들 중 한 명이었다. 수십억 달러의 가치를 지닌 템플턴 재단의 존 템플턴이 자신의 작은 사무실을 구경시켜 주었다. 그 사무실은 너무 좁아서 이야기를 나누는 동안 앉을 자리도 찾기 힘들 정도였다.

그는 하나님을 세상에 알리는데 특별한 공헌을 한 사람들에게 매년 1백만 달러 이상을 기부하고 있었다. 지금까지 템플턴상은 테레사 수녀, 빌리 그래함, 알렉산드르 솔제니친, 찰스 콜슨, 빌 브라이트와 같은 특별한 사람들에게 수여되었다. 그러나 템플턴은 그 현장에 전혀 모습을 드러내지 않았다. 그의 옷은 다 해어졌고, 사무실은 여느 사무실에 딸린 안쪽 방 정도의 크기 밖에 되지 않았다.

나는 이렇게 생각했다. '만일 이 사람이 바하마인이었다면 뱀가죽 신발에 악어가죽 벨트, 호랑이 가죽 셔츠를 입었을 거야.' 하지만 그는 우선순위를 잘 세우고 있는 사람이었다. 그가 그렇게 부유한 것은 그만큼 많이 나누기 때문이었다. 나는 그가 예수님의 말씀을 진지하게 받아들였다고 생각한다.

"주라 그리하면 너희에게 줄 것이니…"(눅 6:38).

위기는 발전을 이끌어낸다

기본적으로 사람은 늘 자신의 탐욕에 따라 결정을 내린다. 자신이 무엇을 하고 있는지에 대해서는 생각도 하지 못한 채 말이다. 그들의 탐욕스러운 결정은 장래에 위기를 야기할 것이다. 위기는 타인뿐만 아니라 탐욕스러운 본인도 다치게 한다.

상황이 위기점에 다다를 때 오직 출구는 하나다. 그것은 일종의 변화 혹은 전환을 거쳐야 한다. 당신이 걸어왔던 길을 계속 갈 수 없다. 자원도 더 이상 남아 있지 않다. 위기의 시기는 우리가 자원을 얼마나 잘 혹은 형편없이 관리해왔는가를 드러낸다. 이제 방식을 바꾸어야만 한다. 바라기로는 더 좋은 쪽으로 말이다. 이것이 위기 가운데의 '희망'이다.

위기는 언제나 발전을 이끌어낸다. 창의성의 기회를 만들어낸다. 변화에 대한 강력한 동기를 제공한다. 당신은 오래된 문제를 다루기 위해 새로운 방법들을 강구해야 한다. 당신이 국가의 지도자라면 새로운 경제체제를 계발하기 위해 타인과 협력해야 한다. 직장인이라면 새로운 생각으로 새롭게 시작해야 한다. 과거에 대한 후회, 처한 상황에 대해 누군가를 탓하거나 화를 내고 싶은 본능을 자제해야 한다. 단순히 살아남을 뿐만 아니라 성공하기 위해서는 새로운 무언가를 해야만 한다.

이곳 바하마는 국가 경제가 관광산업에 지나치게 의존하고 있는데 좀더 다각화 되어야 한다. 이는 "누군가가 다각화해야 한다" 는 뜻이 아니다. 바로 우리가 다각화해야 한다는 뜻이다. 이 경제적 위기는 견고하게 여겨온 것들의 기초를 뒤흔들어 놓고 있다. 당신은 주변을 둘러보고 어떤 필요가 충족되지 못하는지 점검해야 한다. 이러한 필요를 충족시킬 사업을 시작할 수 있겠는가? 해양은 해산물로 가득 차 있다. 바하마 출신의 누군가가 이 천해의 각종 해산물을 이용하지 못하면 중국계 기업인이 그 기회를 앗아가 버릴 것이다.

다른 나라의 경우도 마찬가지다. 새로운 방식을 모색하고 신상품과 서비스를 개발하는 것은 위기 가운데서의 의무이다.

당신이 이미 가지고 있는 자원은 어떤 것이 있는가? 차가 있는가? 집이 있는가? 컴퓨터가 있는가? 생계를 꾸리면서 타인을 짓밟지 않는 방법들을 생각해보라. 탐욕적이거나 냉혹하지 않고도 충실히 일하여 가족을 부양할 수 있다.

일본인과 중국인에게 '위기'(crisis)는 '기회'(opportunity)와 동일하다는 말을 자주 듣게 될 것이다. 여기에는 놀라운 진리가 담겨있다. 모든 위기에 예기치 못한 승리를 향한 열쇠가 들어 있다는 것을 알기 전까지는 두 단어 간에 공통점이 있을 거라고 전혀 생각지 못할 것이다. 2차 세계대전 말 히로시마에 원자폭탄이 떨어졌을 때 그 도시는 완전히 소멸되었다. 십만 명 이상의 사람들이 죽은 것으로 추정되었다. 건물은 무너졌다. 땅은 폐허가 되었다. 하지만 일본인들은 도움의 손길과 밤낮으로 일해 도시와 나라를 재건했다. 당신도 잘 알듯이 그들은 이제 자동차, 전자제품 등 많은 분야에서 일등이 되었다.

당신이 이런 방식으로 생각한다면 모든 재난은 새로운 일들을 경험하게 될 것이다. 위기가 최고의 기회가 된다. 집이 불타도 절망하지 않는다. 가능한 한 빨리 더 좋은 새 집을 얻게 된다. 직장에서 해고당하면 더 좋은 직장을 구하거나 사업을 시작해라. 위기에서 기회가 나온다. 위기, 비극 혹은 재난에 굴복하는 대신 그것을 기회로 삼는다면 더 좋은 일들이 일어날 것이다. 자신을 실직자로 생각하던 것을 멈추고 이 사건을 일에서 해방된 날로 여기기 시작하라. 이제 당신은 새로운 일을 할 수 있다!

이 세상은 공포, 정신적 충격, 절망, 우울, 좌절, 불안, 외로움, 걱정, 무력, 자포자기, 상실감, 자살충동, 절박감, 학대, 범죄, 가정폭력, 약물남용 등의 위기 속에서 계속 몸부림칠 것이다.

하지만 당신은 예외다. 당신은 이 세상의 체제 아래에 있지 않기 때문이다. 주변에 불안하고 두려워하는 사람들이 있을 것이다. 자신만 큰 문제로 외롭고 힘들다는 말을 듣게 될 것이다. 그들은 점점 더 절망하겠지만 당신은 하나님의 방식으로 더 나은 내일을 바라볼 것이다. 일단 문제를 극복하고 이겨내면, 당신은 이전에 볼 수 있었던 것보다 훨씬 더 많은 것을 볼 수 있게 될 것이다. 그곳은 공기마저도 훨씬 좋다.

성경은 아무 것도 염려하지 말고 모든 일에 간구하고 기도를 절대 쉬지 말라고 한다.

아무 것도 염려하지 말고 다만 모든 일에 기도와 간구로, 너희 구할 것을 감사함으로 하나님께 아뢰라 그리하면 모든 지각에 뛰어난 하나님의 평강이 그리스도 예수 안에서 너희 마음과 생각을 지키시리라(빌 4:6-7).

염려하기보다는 기뻐하라.

"주 안에서 항상 기뻐하라 내가 다시 말하노니 기뻐하라" (빌 4:4).

당신의 신뢰를 버리지 마라. 당신 안에 착한 일을 시작하신 이가 이루실 것이다(빌 1:6 참조). 천국을 기다릴 필요가 없다. 당신이 현재 당하는 것은 시험일 뿐이다. 약속하건대 시험 후에는 반드시 충만한 삶이 기다리고 있다.

시험과 인정

하나님은 우리에게 기초를 주셨다(하나님 자신 그리고 말씀). 당신이 그분께 구하기만 하면 전략을 알려주실 것이다. 당신의 위기는 기도하는 상황으로 몰아갈 것이다. 필요한 것을 공급받기 위해 그분께 의뢰할 것이다. 그분이 문제를 해결해 주시기를 원한다는 것을 알게 될 것이다. 하나님은 지혜, 평안, 그리고 믿음의 옷을 입은 천국의 부를 주길 원하신다.

나는 당신에게 이 점을 계속 상기시킬 것이다. 천국 백성이라고 해서 위기를 면제받는 게 아니다. 이 점이 중요하다. 하나님의 나라에 속했다는 사실이 예기치 못하고 통제할 수 없는 사건들과 당신을 분리시켜 주지 않는다. 폭풍은 모든 사람에게 불어오는 것이다. 허리케인이 믿는 사람의 집은 피해가고 불신자의 집만을 노리는 게 아니다.

예수님은 말씀의 굳건한 반석 위에 집을 세우라고 하시면서 이 점을 강조하셨다.

> 그러므로 누구든지 나의 이 말을 듣고 행하는 자는 그 집을 반석 위에 지은 지혜로운 사람 같으리니 비가 내리고 창수가 나고 바람이 불어 그 집에 부딪치되 무너지지 아니하나니 이는 주추를 반석 위에 놓은 까닭이요 나의 이 말을 듣고 행하지 아니하는 자는 그 집을 모래 위에 지은 어리석은 사람 같으리니 비가 내리고 창수가 나고 바람이 불어 그 집에 부딪치매 무너져 그 무너짐이 심하니라(마 7:24-27).

격렬한 폭풍은 두 집을 모두 강타한다. 반석 위에 지은 집과 모래 위에 지은 집에 가해지는 충격의 세기는 동일하다. 태풍이 불고 폭우로 홍수가 나면 모두 쓸려버릴 위기에 처한다. 위기는 모든 사람에게 영향을 미친다.

차이점은 각각의 반응에 있다. 굳건한 반석 위에 세운 집은 비와 바람을 견뎌냈다. 하지만 모래 위의 집은 무너졌다. 예수님은 우리의 생존이 기본적인 지식에 달려있음을 깨닫길 원하신다.

기억하라. 예수님은 말씀을 듣고 행하는 사람은 굳건한 반석 위에 집을 세운 사람과 같다고 하셨다. 반대로 그분의 말씀을 듣고 행하지 않는 사람은 해변이나 모래 언덕에 집을 지은 어리석은 사람과 같다. 올바른 토대 위에 세우지 않았다면 당신에게 문제가 있는 것이다.

폭풍은 시험이다. 그것은 위기이며, 위기는 일어날 것이다. 그러나 문제는 폭풍이 아니다. 폭풍에 어떻게 반응하느냐, 집이 어디에 세워졌느냐에 달려있다.

이미 당신이 위기 한가운데에 있다면 문제를 해결하기엔 너무 늦었다. 그러나 그것으로부터 배우고 다음번에 더 잘할 수 있다. 파편들을 모으고, 집을 다시 짓기 전에 건축의 대가와 상담하라. 하나님은 당신이 순종하는 법을 배우길 원하신다. 당신의 인생은 여기에 달려있다.

궁전에서 감옥으로

당신은 순종의 사람이 될 것인지 아닌지를 결정할 수 있다. 그리고 인생을 살아가는 동안 순종하면서 성장할 수 있다. 요셉처럼 깊은 구덩이에 던져졌다고 해도 난관을 극복할 수 있다. 다음 장에서 요셉을 좀더 살펴볼 것이다. 우선 그가 자신의 토대를 어떻게 강력하게 만들었는지 알아보자.

그의 이야기는 무척 친숙하며 인생을 어떻게 살아야 하는지에 대한 좋은 예를 제시한다(창 37장, 39-47장에 나온다). 요셉은 소년 시절부터 하나님을 100퍼센트 헌신했다. 이는 그가 문제로부터 보호 받는다는 것을 의미하지 않았다. 그는 여러 번의 위기를 만났다. 사실 참 불공정해 보인다. 그는 '평범한 요셉'이 아니었다.

시기심 많은 형들은 그를 죽이려고 깊은 구덩이에 던졌다. 미디안 사람들에게 노예로 팔려가면서 구덩이에서 건져졌다. 노예가 죽음보다 낫겠다고 생각되지만, 유복한 가정에서 응석부리고 사랑받은 막내아들 요셉에게는 가혹한 일이었다.

미디안 사람들은 요셉을 애굽으로 데려갔다. 이 순간은 어린 요셉의 운명이 잠시 나아진 듯 보였다. 그는 사랑받는 아들 대신 경비대장 보디발의 집에서 총애 받는 노예가 되었다. 성실하게 일했다. 요셉의 행동은 그의 인생이 본래의 굳건한 반석 위에 견고히 심겨 있음을 보여준다.

그러나 요셉의 성실함도 계속되는 위기는 그를 보호해 주지 못했다. 사실 그의 성실함이 다음의 위기를 재촉한 것이기도 하다. 요셉은 보디발의 아내가 접근하는 것을 거부했고, 그녀는 그를 거짓으로 비난하여 보디발이 그를 감옥에 처넣게 하였다. 이집트의 감옥은 지독한 곳이었다. 그는 자신의 곤경을 다른 사람 혹은 하나님의 탓으로 돌리는 데 시간을 낭비했는가? 아니면 어둠 속에 앉아 복수할 계획을 짜고 있었는가?

아니다. 요셉은 자신의 장점을 한 번 더 입증해 보였다. 그는 필요를 보고 충족시키기 위해 노력했다. 고된 일을 두려워하지 않았고 감옥 환경의 향상을 위해 노력했다. 얼마 지나지 않아 요셉은 감옥을 관리하는 간수장을 돕게 되었다.

감옥에서 요셉은 바로의 술 맡은 자와 떡 굽는 자를 만나 그들의 꿈을 해석해주게 되었다. 결국 요셉은 꿈을 해몽하는 능력으로 풀려났는데, 바로 이때 바로가 무서운 꿈을 꾸고 해석을 필요로 하는 시점이었다.

이야기의 한 문장이 눈에 띄었다. 요셉은 바로 앞에 불려가 바로를 위해 꿈을 해석했다. 7년 풍년 후에 7년의 가뭄과 기근이 있다고 예고했다. 요셉은 바로에게 말했다.

"바로께서 꿈을 두 번 겹쳐 꾸신 것은 하나님이 이 일을 정하셨음이라 하나님이 속히 행하시리니"(창 41:32).

하나님은 기근이 다가오는 사실을 강조하려고 바로에게 두 번이나 보여주셨다. "하나님이 이 일을 정하셨음이라 하나님이 속히 행하시리니." 위기는 분명 닥칠 것이었다. 피해가게 해달라고 기도해도 소용이 없다. 위기는 애굽을 건너뛰지 않을 것이다. 동일한 기회이자 위기는 모든 사람에게 미칠 것이며, 이 나라의 지도자가 대비할 시간을 가지도록 하기 위해 경고하신 것이었다.

감옥에서 궁전으로

애굽은 농업경제체제였다. 그래서 기근은 엄청난 경제적 위기이다. 오늘날 미국과 서구 국가는 산업 및 기술 경제로 돈을 신뢰한다. 갑자기 금융 자산이 평가절하 되고 이용할 수 있는 자금이 부족해질 때 이를 통화 기근이라고 부른다.

정치적 지식이 없어도 시대의 징후는 해석할 수 있다. 당신이 어디에 살고 어떤 지위에 있든 이 위기가 없애달라고 기도하는 데 애쓰지 말라. 응답되지 않는다. 금식하고 기도해도 소용없다. 이 일은 하나님이 굳게 정하신 것이다.

하나님은 전 세계적인 경제적 혼란을 잘 알고 계신다. 아마도 어떤 것도 자신의 힘으로 할 수 없음을 상기시키기 위해 이를 계획하셨는지 모른다. 사단이 연관되어 있어도 사단을 원망하지 말라. 하나님은 이 위기를 통해 돈이라는 우상에 대한 믿음을 잃게 하기 위해 결심하셨는지 모른다. 돈이 당신의 우상이라면, 당신의 돈이 평가절하 될 때 당신의 우상도 평가절하 된다. 그러고 나면 하나님은 사람들의 마음의 진정한 왕이 되신다.

요셉은 기근으로 생긴 구제 대책을 관리하는 권세 있는 자리에 오르게 되었다. 하나님은 그것을 지휘하셨다. 요셉은 말했다. "자, 풍년의 곡물을 거두고 흉년을 대비하여 쌓아두자." 그는 하나님의 도움과 지혜로 위기를 관리할 수 있었다. 그의 지혜와 성실은 애굽 사람들을 기근에서 살려냈을 뿐만 아니라, 자신의 가족들의 생존에 거룩한 통로가 되었다.

마찬가지로 우리가 하나님께 순종할 때, 현재의 통화 기근이나 경제침체로 인한 삶의 모든 결과들을 견뎌낼 수 있을 것이다. 이 위기는 실수가 아니다.

성경 속에서 찾을 수 있다

당신에게 일어나는 모든 일은 하나님의 말씀과 조화된다. 예수님께서 *"이것을 너희에게 이르는 것은 너희로 내 안에서 평안을 누리게 하려 함이라 세상에서는 너희가 환난을 당하나 담대하라 내가 세상을 이기었노라"*(요 16:33) 고 말씀하셨다. 이는 당신의 현재 문제에 대해서 언급하신 것이다. 어떠한 폭풍 가운데서도 그분의 평안을 누릴 수 있다고 약속하고 계신다. 지극히 개인적인 시련과 환란에서부터 세계적인 수준의 재앙에 이르기까지 모든 위기들을 극복하도록 예수님이 당신을 도와주시겠다고 격려하신다. 그분은 어떠한 위기보다 더 크고 강함을 상기시켜 주신다. 당신이 믿음으로 그분의 방법을 따르고, 그분의 권능을 의지하면 위기를 극복할 수 있다고 말씀하신다.

성경을 펼치고 요한일서 5장 4절을 읽어보라.

"무릇 하나님께로부터 난 자마다 세상을 이기느니라 세상을 이기는 승리는 이것이니 우리의 믿음이니라."

누가 이 세상의 위기를 극복할 수 있는가? 오직 하나님의 아들이 예수님이라고 믿는 자이다. 오직 그가 우리에게 말씀하신 것을 믿는 자들이다.

믿음은 빛 가운데서 하신 말씀을 어둠 속에서 믿는 것이다. 그분은 하나님의 아들이시며 구원자라고 말씀하셨다. 모든 위기상황을 극복할 지혜와 능력이 있다고 말씀하셨다. 그분은 상황을 보기 좋게 꾸미지 않으신다. 당신을 이 세상의 모든 고통을 피할 수 있게 해주겠다고 말씀하지 않으신다. 그러나 당신에게 분명히 약속하신다. 언제나 그 약속을 통해서 이루신다.

십대 시절, 나는 한 성경구절을 읽고 큰 충격을 받았다. 바로 이 말씀이다.

"하나님의 사랑은 오래 참으시니"(민 14:18 참조 KJV).

하나님의 사랑은 "영원히 참으시니"라고 하지 않았다. 그 참음이 길지만 영원하진 않다. 그 "오램"이 끝나고 나면 무언가가 바뀔 것이다. 그것은 당신이 될 수도, 당신의 상황이 될 수도 둘 다가 될 수도 있다. 당신의 고난은 잠시 잠깐이다. 그분의 은혜로 현재의 위기를 통과할 수 있다. 이후의 위기도 능히 통과할 수 있다. 왜냐하면 주님께서 승리자가 되시기에 당신도 승리자가 될 수 있기 때문이다.

기억하라. 하나님의 나라는 결코 위기에 빠지지 않는다. 이 땅에서 우리의 삶이 위기들로 점철되어 있더라도 우리의 본향은 천국에 있다.

위기를
극복하려면?

2장
위기를 극복하려면?

실로 어떠한 큰 위기라도
당신의 삶을 특별하게 만들어주는 기회라고 생각한다.

-마사베크

종교적인 사람들은 기적을 찾는다. 위기가 생기면 자신들의 수고는 전혀 없이 하나님이 돌봐주시기만을 바란다. 그들은 게으르다. 즉각적인 구제와 공급 같은 마법을 원한다. 그들은 하나님을 산타클로스처럼 대한다—혹은 산타클로스보다 못한 무언가처럼(산타클로스는 당신이 선물을 받으려면 먼저 말 잘 듣는 착한 아이가 되어야한다고 말하기 때문이다). 종교적인 사람들은 하나님을 병속의 요정 지니처럼 대한다. 예수님의 이름으로 병을 세 번 문지르면 그분이 '뿅' 하고 나타나 소원을 들어주시기를 바란다.

하나님 나라의 백성들은 종교적인 사람이 아니다. 천국 백성들은 다르다. 천국 백성들은 권세가 어떻게 역사하는지 알고 있다. 매일 왕과 교제한다. 하나님이 그들을 시험하기 위해 허락하신 모든 위기를 극복할 열쇠를 가지고 있다.

하나님 나라를 가르치는 목회자로서 나는 그 나라의 열쇠를 보여주고 그것을 사용하는 법을 익히도록 돕는 일을 한다. 나는 하나님 말씀에서 그 나라의 모든 열쇠를 발견하도록 도울 수 있다. 하나님 나라의 열쇠는 어떠한 폭풍이나 위기도 견딜 수 있는 견고한 기초 위에 집을 지을 거라면 따라야하는 근본적인 진리이다.

출근했는데 상사가 당신을 해고한다면? 배우자가 이혼을 요구해온다면? 암에 걸린다면? 하지만 하나님 나라의 열쇠를 손에 쥐고 있다면, 당신은 이미 준비가 다 된 것이다.

"내가 천국 열쇠를 네게 주리니"

예수님은 말씀하셨다.

"내가 천국 열쇠를 네게 주리니…"(마 16:19).

그분은 우리가 생존할 뿐만 아니라 번성하게 해줄 열쇠들을 주신다고 약속하셨다.

열쇠는 무언가에 접근할 수 있다. 내가 당신에게 우리 집 열쇠를 준 것은 우리 집에 대한 접근권을 준 것이다. 우리 집에 대한 직권과 통제권을 어느 정도 준 것이다. 당신은 밤이든 낮이든, 내가 집에 있든 없든 언제라도 우리 집에 들어올 수 있다.

예수님은 열쇠 하나(a key)가 아니라 열쇠들(keys)을 주겠다고 하신 것을 기억하라. 그분은 열쇠 하나 이상을 주실 것이다. 그분의 나라에 접근할 한 가지 이상의 방법을 주기 원하신다. 천국은 한 가지 원칙 이상에 의해 움직인다. 그 권세를 푸는 방법은 여러 가지이다.

우리에게 천국 열쇠들을 주겠다고 약속하시고 예수님은 이렇게 말씀하셨다.

"… 네가 땅에서 무엇이든지 매면 하늘에서도 매일 것이요 네가 땅에서 무엇이든지 풀면 하늘에서도 풀리라 하시고"(마 16:19).

다시 말해 당신이 손에 열쇠를 쥐고 있으면(천국의 원칙들 중 하나) 땅과 하늘에서 무언가를 열거나 닫을 수 있다는 것이다. 당신이 땅에서 무엇을 열든 하늘은 당신을 위해 열 것이며, 땅에서 무엇을 닫든 하늘은 역시 당신을 위해 닫을 것이다.

당신은 결정에 영향을 주는 권위를 가지고 있다. 은행이 도산하고, 사람들이 집을 잃고, 회사가 문을 닫을 때, 하나님의 공급하심을 풀 특별한 열쇠를 꺼낼 시간이다.

또 예수님은 제자들에게 말씀하셨다.

"하나님 나라의 비밀을 너희에게는 주었으나 외인에게는 모든 것을 비유로 하나니"(막 4:11).

믿지 않는 자들에게 천국 열쇠는 수수께끼이다. 당신은 혼란스럽고, 공포로 가득하고, 극도로 흥분된 세상 한가운데에 살고 있다. 하나님은 당신에게 열쇠를 주셨다. 그분은 무의미한 우화처럼 보이는 비밀을 말씀하셨다.

다른 사람이 가지지 못한 정보를 당신은 가진 것이다. 폭풍이 닥칠 때, 당신의 이웃은 두려움에 떨겠지만 당신은 믿음 안에서 걷기 시작할 것이다. 그는 완전히 좌절할 때 당신은 춤추기 시작할 것이다. 똑같이 물질적 소유를 잃어버려도 그는 "아, 이런! 이제 절대 회복하지 못할 거야"라고 하는 반면 당신은 "다시 좋아질 거야"라고 말한다. 그가 "이것 때문에 정말 화가 나"라고 한다. 하지만 당신은 "하나님이 그 일을 허락하셨으니 하나님이 어떻게 하실지 알고 계셔"라고 말한다.

한 동네에 살고 있어도 반응은 아주 다르다. 동일한 위기의 한복판에 있지만 당신은 이웃과 다르다. 그 차이점은 무엇 때문인가? 당신은 열쇠를 가지고 있기 때문이다. 이웃은 낙심하여 문을 두드리지만 당신은 문을 열 수 있다.

다윗은 그의 시에서 이렇게 썼다.

"천 명이 네 왼쪽에서, 만 명이 네 오른쪽에서 엎드러지나 이 재앙이 네게 가까이 하지 못하리로다"(시 91:7).

맹렬한 전쟁 한복판에 있지 않다면 이 일은 일어날 수 없다. 생존을 위협하는 심각한 상황 가운데 있지 않다면 이러한 보호하심을 경험할 수 없다. 이는 위기상황이다. 다윗은 위기상황에서 면제받지 못할 것이라고 한다. 하지만 천국에서의 지위로 당신에게 영향을 미치는 방식은 다를 것이라고 말한다.

당신과 이웃, 둘 다 직장에서 해고를 당했다고 하자. 이에 대해 당신은 다른 생각을 가지게 될 것이다. 그 문제로 인해 우울해지지 않을 것이다. 이 일이 일어나도록 하신 하나님의 결정에 의문을 제기하지 않을 것이다. 대신 주위를 돌아보면 천 명이 한 쪽에서 만 명이 또 반대쪽에서 엎드려져도 여전히 서 있을 것이다. 그리고 기뻐할 것이다.

당신은 직장에서 해고되지 않은 사람들을 질투하지 않을 것이다. 당신의 안전이 어떤 일에 달려있지 않기 때문이다. 오직 하늘 아버지의 아들 혹은 딸이라는 정체성에 있다. 당신이 그분에게 속해 있다면, 당신은 안전하다. 흔들릴 수 없다. 위기가 몰아칠 때 주머니에 손을 넣어 열쇠를 꺼낼 것이다.

1등 천국 열쇠

그 열쇠는 어떤 모습인가? 다음의 위기를 극복하기 위해서 당신은 어떤 열쇠를 꺼내야 하는가?

하나님 나라의 1번 열쇠-제1원칙-는 관리이다. 나는 이를 관리의 열쇠라 부른다.

우리가 곤경에 처하는 이유는 탐욕으로 인한 그릇된 관리로 인해서다. 우리가 처한 곤경에서 벗어나는 유일한 방법은 하나님을 통한 의와 현명한 관리이다.

관리란 무엇인가? 나는 이렇게 정의한다. 관리란 다른 사람의 자산과 자원을 그것에 위임된 기대부가가치 생산이라는 목적을 위해 효과적으로, 효율적으로, 올바르고 시기적절하게 사용하는 것이다.

다시 한 번 천천히 그리고 주의 깊게 읽어보기 바란다. 이 단어들에 유의하라. 효과적, 효율적, 올바르고, 시기적절, 위임, 가치.

당신의 자산뿐만 아니라 다른 사람의 자산도 관리한다는 사실을 인식해야 한다. 결국 당신은 어떤 것도 소유하지 못한다. 이 땅을 소유하지 못한다. 이 땅에 존재하는 어떤 것도 소유하지 못한다. 직장을 소유하지 못한다. 당신의 것이라고 주장하는 사업체를 소유하지 못한다. 당신의 이름은 올릴 수 있겠지만 사업체는 한 순간에 사라질 수 있다. 잘하든 못하든 당신은 그저 관리자일 뿐이다.

모든 사람은 관리자다. 하나님께서 땅을 만드시고 자원들로 채우신 후 관리자를 세우셨다. 남자와 여자는 이 땅의 자원들에 대한 지배권을 받았다(그러나 서로에 대한 지배권이 아님을 기억하라. 하나님은 창조하신 자들을 지금도 책임지고 계신다). 하나님은 아담과 하와에게 물고기, 새, 식물, 동물에 대한 통치권을 주었다. 하나님은 아담과 하와에게 모든 열매를 먹을 수 있다고 하셨다. 그들이 할 일은 동산을 관리하는 것이었다. 하나님은 그들에게 나무가 좋다고 하셨다. 동물이 좋다고 하셨다. 물이 좋다고 하셨다. 순금이 좋다고 하셨다. 베델리엄과 호마노도 좋다고 하셨다(창 2:12 참조). 그분은 아담과 하와가 자신의 창조물을 돌보는 것이 선한 일이라는 것을 알게 하려고 계획하셨다.

시편 115편 16절은 말한다.

"하늘은 여호와의 하늘이라도 땅은 사람에게 주셨도다."

땅은 인간의 합법적인 영토이다. 하나님은 우리가 이 행성의 산물에 대한 책임을 지길 원하신다. 하나님의 거룩한 목적은 하나님 나라의 문화를 이 땅에 확장하는 것이다.

하나님 나라의 문화는 풍요의 문화이다-올바르게 관리될 경우에만. 하나님은 인간을 예배하는 자로 창조하셨다. 그런데 이미 천국에는 많은 예배자가 있었다. 그러므로 더 많은 예배자를 두시려고 인간을 창조하신 건 아니다. 하나님 나라는 예배자로 가득 차 있다. 땅에 좋은 것을 관리하게 하려고 자신의 형상대로 사람을 창조하셨다.

하나님은 아담과 하와를 창조하셨을 때부터 관리자로 만드셨기 때문에 관리(때로는 청지기라 불리는)는 인류의 주된 목표였다. 마스터플랜을 따를 때 번영한다. 그런데 아담과 하와처럼 잘못 관리하면 실패한다. 하나님의 관리 명령에 영향을 미치지 못하지만, 그분의 나라가 이 땅에 구현될 수 있느냐 하는 문제에는 영향을 미친다.

자원 돌보기

예를 들어보자. 지각을 밥 먹듯이 하면 직장을 잃을 수 있다. 지방을 지나치게 섭취하면 건강을 잃을 수 있다. 친밀한 우정을 유지하지 않으면 관계가 서먹서먹해 질 수 있다. 결혼생활에 끊임없는 존중과 애정을 기울이지 않으면 부부는 헤어지고 만다. 관리를 소홀하면 결국엔 잃게 된다. 그러나 관리를 철저히 하면 무엇이라도 보호하게 된다.

적절한 관리는 가장 효과적이고, 효율적이고, 유익한 방식으로 자원을 적용하는 것이다. 우수한 관리자들은 자원을 낭비하지 않고 잘못된 목적으로 운영하지 않는다. 자원을 축적하지도 않는다. 무언가를 축적한다는 것은 제대로 관리하지 못하는 것이다. 그러므로 10달러를 번다면 축적하거나 충동구매를 해서는 안 된다. 우선 1달러를 떼어 하나님께 드려야 한다. 그런 다음 나머지 9달러로 무엇을 할지 그분에게 물어보라. 이것이 돈을 관리하는 방법이다.

적절한 관리는 올바르게 사용하는 것이다. 올바르게 사용하는 것은 성실하고 정직하게 사용하는 것을 의미한다. 당신은 부정행위에 빠져들어선 안 된다. 직장에서 복사기를 개인적인 용무로 사용해서 안 된다면 하지 말아야 한다. 종이 집게 하나도 당신 마음대로 해서는 안 된다. 그 종이 집게는 당신의 개인적 용도를 위해 주어진 게 아니기 때문이다. 그것은 누군가의 자산이다. 그것은 아주 사소한 부분이라 상사가 눈치 채지 못할 것이다. 하지만 자신의 일을 적절히 관리하고 있다면 그것을 집으로 가져가지 않을 것이다. 양심의 가책 없이 그것을 당신의 주머니에 집어넣기 시작하면 종이 집게에서 연필, 스테이플러, 노트북 컴퓨터로 옮겨가는 데는 시간문제다. 원칙은 정직이다. 이것이 종이 집게보다 훨씬 중요하다.

적절한 관리는 다른 사람의 자산을 시기적절하게 사용하는 것이다.(그리고 당신의 자산은 당신에게 속한 것이 아님을 기억하라). 이는 시기를 이해해야 함을 의미한다. 경제 상황이 어려울 때는 집의 리모델링 계획을 늦춰야 한다. 휴가 계획도 수정해야 한다. 생각을 바꿔야 한다. 재평가해야 한다. 재조직해야 한다. 자원이 무엇인지 확인한 다음에 현명하게 사용해야 한다. 당신의 관찰 그리고 성령의 인도하심에 따라 사용 시기를 정해야 한다.

하나님은 당신에게 더 많은 것을 맡길 수 있을까?

훈련은 적절한 관리의 열쇠이다. 당신은 일관된 노력을 기울이지 않는다면 타인의 삶에 효과적, 효율적으로 동시에 올바르고 시기적절한 유익을 끼칠 수 없다. 하나님은 당신이 구하기만 한다면 훈련된 삶을 살 수 있도록 은혜를 주실 것이다.

당신이 자원을 잘 관리한다면 하나님은 당신에게 더 많은 것을 맡기실 것이다. 예수님은 이렇게 말씀하셨다.

> "지극히 작은 것에 충성된 자는 큰 것에도 충성되고 지극히 작은 것에 불의한 자는 큰 것에도 불의하니라 너희가 만일 불의한 재물에도 충성하지 아니하면 누가 참된 것으로 너희에게 맡기겠느냐 너희가 만일 남의 것에 충성하지 아니하면 누가 너희의 것을 너희에게 주겠느냐"(눅 16:10-12).

하나님은 당신이 기도하는 것이 아니라 관리할 수 있는 것을 주실 것이다. 나는 이를 '기도의 관리'라고 부른다. 하나님께 직장을 달라고 기도한다. 하나님은 말씀하신다. "좋아. 하지만 너는 지난번 직장에서 매일 지각하고, 두 시간 동안 점심을 먹고, 퇴근 시간 5분 전에 자리를 떴고, 아프다고 말하고는 농땡이 부렸잖아." 당신은 새 일을 관리할 수 있겠는가? 과연 할 수 있을지 나도 궁금하다.

새 집으로 이사 갈 수 있게 해달라고 기도한다. 하나님은 말씀하신다. "이미 가지고 있는 집은? 제대로 관리하니? 네 집이 아닌 건 알고 있지만 넌 제대로 청소도 하지 않잖니."

새 자동차를 사려고 기도한다. 하나님은 말씀하신다. "잠깐만. 너는 자전거도 정비를 제대로 안하는 걸로 알고 있는데."

다시 말해 당신이 지금 가지고 있는 것도 제대로 관리하지 않는데 어떻게 하나님이 더 큰 것을 당신에게 주시리라 기대할 수 있는가?

근면은 적절한 관리의 또 다른 이름이다. 근면은 일관된 노력을 의미한다. 훈련과 근면이 있으면 당신은 효과적이고, 효율적이고, 올바르고, 시기적절해질 수 있다. 나는 언제나 아내와 아이들에게 말한다. "집에서 늦게 출발하면 절대 일찍 도착할 수 없다." 예배가 9시 30분에 시작하는데 허둥지둥하면서 9시 30분에 집을 나서지 마라. 그땐 이미 늦었다. 그릇된 관리의 문제이다. 시간 관리의 문제이다.

소유가 아닌 통치

어느 날, 나는 관리(management)라는 단어에서 특별한 것을 발견했다. 이 단어가 m-a-n, 이렇게 세 개의 철자로 시작하는 것이다. 그렇다. 관리는 사람으로 시작된다. 하나님은 인류에게 관리의 역할을 주셨다. 내가 앞서 언급했듯이 하나님은 인류에게 소유의식이 아니라 통치의식을 주셨다. 하나님이 만물을 창조하셨고 소유하신다. 하지만 그 창조물의 관리를 인류에게 위임하셨고 우리가 책임을 지도록 소명을 주셨다.

당신은 하나님의 돈, 하나님의 시간, 하나님의 은사, 하나님의 재능, 하나님의 자원, 하나님이 당신에게 주신 집, 당신이 타고 다니는 자동차 등으로 무엇을 했는지 일일이 설명해야할 날이 올 것이다. 당신의 것은 없다. 당신이 관리자로 소유권을 주장할 수 없지만 적절히 관리해야 할 의무와 책임이 있다.

어느 것도 소유를 주장하지 말라. 자신의 부(富)를 흡족해하면서 더 큰 곳간을 짓기로 결심한 성경 속의 부자를 기억하는가?(눅 12:16-20 참조). 그날 밤 하나님은 영혼을 데려가셨다. 그는 재산을 누리지도 못하게 되었다. 그에게 주어진 풍요로운 부는 빌린 것임을 깨달아야 했다. 자기가 열심히 일하여 얻은 것으로 자축하는 대신에 그것을 관리하며 나눠주는데 관대했어야 했다.

어떤 것이라도 준비하라

핵심은 다음과 같다. 효과적인 관리는 당신의 자원의 양을 결정한다. 당신이 우수한 관리자로 하나님의 원칙을 순종한다면 어떤 위기가 닥쳐도 문제가 되지 않을 것이다. 자원 중 일부가 사라지는 위기도 견뎌낼 수 있을 것이다. 당신이 직장을 잃는다면 극복하는데 필요한 저축예금이 있을 것이다. 지금 당장 돈을 쓸 여유가 있든 없든 심사숙고하는 법을 알게 될 것이다.

때때로 우리는 잠언 13장 22절을 인용하길 좋아한다.

"선인은 그 산업을 자자 손손에게 끼쳐도." 첫 부분은 쉽게 동의한다. 그런데 뒷부분은 "죄인의 재물은 의인을 위하여 쌓이느니라" 고 하며 얼버무리고 만다. 왜냐하면 어떻게 해야 할지 확신이 없기 때문이다.

몇 년 전, 주님이 가르쳐주셨다. 나는 당시 뒷 구절을 좋은 것 마냥 인용했다. 주님은 내게 말씀하셨다. "그 구절이 좋은 것처럼 인용하지 마라. 사악한 죄인들이 너의 재물을 소유하는 건 좋은 것이 아니다." 그들은 어떻게 재물을 얻었는가? 하나님이 그들에게 주셨다. 왜 하나님은 의인 대신 그들에게 주셨는가? 그들이 관리를 더 잘하기 때문이었다. 그들이 비록 죄인이라도 관리를 잘하는 자들에게 자원을 주신다.

"돈이여, 오라!" 고 외치며 제자리에 가만히 서 있는 당신에게 돈은 오지 않을 것이다. 당신이 어떤 것을 묶거나 푼다고 해서 오지 않을 것이다. 십년 동안 많은 재물을 달라고 기도했지만 헛수고만 진탕하고 남은 거라곤 굳은 살 배긴 무릎 밖에 없을지 모른다. 그 기도가 아무리 길고 크고 진실했다고 해도 자원은 기도로 오지 않는다. 자원은 당신이 이미 가지고 있는 자원에 대한 성실한 관리와 기도를 통해서 온다.

작은 것부터 실천해보자. 종이 집게를 가져오지 않는 정직함으로 시작하라. 절약하라. 멈추고 생각하라. 종이 한 장도 그냥 버리지 마라. 뒷면을 재활용하라. 방을 나갈 땐 불을 꺼라. 십일조를 드려라. 세금 신고를 정직하게 하라. 수입을 초과해 지출하지 말라.

낭비하지 말라. 최저액을 최대한 활용하고, 최소로 최대를 이끌어내라. 나는 대학에서 경제학을 공부했는데, '최소를 최대화한다'는 간단한 정의를 보고 충격을 받았다. 적은 것을 취해서 최대한 활용하는 것이다. 이게 바로 경제학이다. 우수한 관리자가 우수한 경제학자인 셈이다.

당신이 경제학자이자 우수한 관리자라면, 사과 하나를 따서 그 씨앗을 심어 나무를 가꿀 것이다. 그리고 나무에 사과가 많이 달리면 그것을 팔아 더 많은 씨앗에서 더 많은 사과를 열매 맺을 수 있을 것이다. 당신은 자원을 관리하여 재능에 가치를 더할 수 있다. 하나님은 낭비를 권하지 않으신다.

당신이 그릇된 관리자라면, 수표를 받으면 바로 현금으로 바꾸어버릴 것이다. 집으로 오는 길에 먹고 싶은 것을 사먹을 것이다. '할인' 표시가 붙은 걸 보고 새 신발을 사 버릴 것이다. 새 옷도 사 버릴 것이다. 방금 무얼 한 것인가? 당신은 전혀 관리를 하지 못했다. 당신은 소비했다. 소비자가 되었다. 당신의 일과는 사고, 또 사고, 더 많은 것을 사는 것이다. 그리고 이렇게 말한다. "내가 원하는 건 뭐든지 가질 수 있어. 난 돈이 있거든." 발이 현관문에 닿기도 전에 월급의 대부분을 써 버리고 말았다.

잠언은 다음과 같은 좋은 기록들로 가득 차 있다.

"… 사람의 부귀는 부지런한 것이니라"(잠 12:27).

우수한 관리자는 자신이 가지고 있는 것을 소중히 여긴다.

당신은 집의 물건들, 돈, 시간, 관계를 어떻게 다루는가? 소중히 여기는가? 관리자들은 작은 것도 소중히 여긴다. 그들은 예수님이 오천 명을 먹이신 후에(막 6:30-44 참조) 남은 것들을 거둔다. 예수님은 왜 남은 것들을 바구니에 모으라고 말씀하셨을까? 내 생각에 예수님은 하늘에 계신 아버지의 신실한 아들로 아버지의 물고기와 떡 일부를 사용했기 때문이다.

옷장을 뒤져 오랫동안 입지 않은 옷들을 찾아보라. 그 옷들을 다시 입거나 나누어 주어라. 당신이 가지고 있는 것들을 잘 보살피고 관리하라. 알뜰해져라. 자원을 활용하라.

또 "부지런한 자의 경영은 풍부함에 이를 것이나 조급한 자는 궁핍함에 이를 따름이니라"(잠 21:5) 라고 말씀한다. 이는 거저 받는 것을 좋아하는 사람들에게 적용된다. 만약 당신이 무언가를 공짜로 얻길 바라는 사람과 친하게 지낸다면 사람을 잘못 사귀고 있는 것이다. 그런 사람들은 쉬운 길만을 택하려 하고, 자신의 손을 내밀어서 얻는 것은 더 심한 빈곤을 야기할 뿐이다. 돈이 필요하다면, 단순히 구하기만 해서는 안 된다. 이렇게 물어야 한다. "당신이 돈을 벌 수 있도록 제가 무엇을 도와 드릴까요?" 거저 받기를 멈추고 거저 주기를 시작하라. 이것이 한 단계 앞선 관리이다. 이는 당신에게 일을 줄 사람을 공경하는 것이자 자기 스스로를 존중하는 것이기도 하다. 당신이 부지런해지고 싶고, 노력을 관리하고 싶고, 관계를 관리하고 싶음을 보여주기 때문이다.

이후 당신은 이 책의 나머지 부분들을 읽으면서 더 실제적인 제안들을 보게 될 것이다. 이는 하나님 나라의 주요 원칙이다. 위기를 극복하는 길은 우수한 관리에 달려 있고, 우수한 관리는 신실한 청지기직과 같은 것이다. 당신이 하나님의 원칙대로 살면 소득을 얻게 될 것이다. 하나님이 당신에게 주신 것을 잘 관리한다면, 더 많은 것을 맡기실 것이다.

관리 능력 테스트

당신은 신실함과 부지런함으로 다른 이들까지도 안전한 장소로 인도한 관리자의 모범인 요셉을 본받아야 할 것이다.

당신은 요셉의 인생에서 그의 관리 능력이 시험대에 올랐던 많은 경우들을 볼 수 있다. 테스트를 받았다. 그는 몇 번이나 넘어지는 듯 보였으나 쓰러지지 않았다. 나는 그의 관리 능력들을 시험하기 위해 그러한 위기들을 허락하신 것이라고 믿는다. 요셉은 매번 다가오는 새 도전에 어떻게 대처했는가? 당신과 나도 그러할 수 있는가?

요셉은 위기와 맞닥뜨리면 그것에 맞설 전략을 짜냈다. 그는 바로의 꿈을 정확히 해석하면서 흉년과 기근에 대한 계획을 동시에 생각해냈다. 그는 약 30세에 불과했지만, 하나님이 바로에게 임박한 위기를 경고하셔서 국가를 대비시키길 원하신다는 것을 분명히 깨달았다. 요셉은 어떻게 준비해야 하는지 파악했던 것이었다.

바로는 무엇을 했는가? 요셉의 제안에 고마워하고 칭찬하며 감옥으로 돌려보냈나? 물론 아니다. 그는 요셉을 승진시켰다.

"하나님이 이 모든 것을 네게 보이셨으니 너와 같이 명철하고 지혜 있는 자가 없도다 너는 내 집을 다스리라 내 백성이 다 네 명령에 복종하리니 내가 너보다 높은 것은 내 왕좌뿐이니라"(창 41:39-40).

요셉은 위기 덕분에, 보다 정확히 말해 위기를 관리하는 그의 잠재력 덕분에 승진했다. 그날 아침만 해도 지하 감옥에 갇힌 죄수였다. 하지만 그날 오후 바로는 그에게 이집트 전역을 다스릴 권한을 주었다. 바로는 심지어 자신의 인장 반지까지를 주어 권력 양도를 했다. 기억하라. 요셉은 애굽인이 아니었다. 그는 히브리인이었고 외국 노예였다. 그러나 분명히 그의 출신은 문제가 되지 않았다. 중요한 것은 위기를 관리하는 능력이었다.

그래서 그는 첫 7년 동안은 풍년인 온 땅을 순찰하는데 전념했다. 그는 부지런하여 추수한 모든 곡물을 관리하고 각 도시의 큰 창고에 저장했다. 7년 후 기근의 위기가 닥쳤지만 이미 준비되어 있었다. 백성들은 창고로 가서 필요한 식량을 얻을 수 있었다. 그들은 다른 나라에서 온 했다들도 도와줄 수 있을 정도로 풍족했는데 그 중 요셉의 아버지와 형들도 포함되어 있었다. 이런 일이 일어날 거라고 누가 알았겠는가?

하나님은 요셉을 준비시키셨다. 한 나라의 기근으로 농산물을 관리할 위기에 직면했을 때, 이미 인생의 파란만장한 위기들을 극복하면서 준비되어 있었다. 각 위기는 하나님께서 요셉을 시험하고 다음 위기를 극복할 수 있도록 하기 위한 계획하심이었다.

요셉은 늘 하나님 가까이에 있었다. 말도 통하지 않는 이교도의 문화 속에서도 그랬다. 그는 언제나 훈련이 되어 있었고 신중했다. 우리와 달리 요셉은 자원을 조금도 낭비하지 않았다. 주어진 일은 무엇이든 열심히 했다. 주인과 세인의 눈 밖에 나 지하 감옥에 던져졌을 때도 변함이 없었다.

나는 그가 진로 수정을 했다고 확신한다. 그는 자신이 잘못한 것 그리고 다음번에 더 잘 할 방법에 대해 생각할 시간이 많았다. 하나님께서 상황을 통해 말씀하시도록 했다. 각각의 시험은 근본적으로 달랐지만 모두를 통과했다. 하나의 위기가 닥쳐오기 전에 이미 열쇠를 손에 쥐고 하나님의 지혜와 공급하심을 나타낼 준비가 되어 있었다.

이는 우리도 동일하지 않은가? 자원(시간, 근면, 정직과 같은 보이지 않는 자원들을 포함)을 낭비했던 쓰라린 경험이 있지만 회개할 수 있다. 생각을 바꿀 수 있다. 만회할 수 있다. 하나님의 도움으로 현재의 위기가 동기를 부여하여 나쁜 상황뿐만 아니라 그 위기를 초래한 나쁜 습관들도 극복할 수 있다.

핵심

위기를 극복하려면 신실한 관리 능력을 길러야 한다. 어떻게 할 수 있는가? 이 책은 바로 그것을 보여준다.

우리는 하나님이 창조하신 지구를 돌보는 자들이며, 그분은 우리의 보호자가 되신다.

당신은 보호자께 주의를 기울여 관리자, 즉 보호자가 되는 법을 배울 것이다. 그분과 더 가까이 동행할수록 더 잘 할 수 있다. 그분은 당신을 아끼셔서 진리로 끊임없이 인도해 주신다. 삶에 모든 위기 상황을 통하여 그분의 역사를 진척시키신다. 당신을 향한 그분의 돌봄은 당신을 올바른 길로 인도하고 가르치실 것이다. 당신이 이 지구의 작은 모퉁이를 관리하는 법을 배우고 요셉처럼 모든 위기에서 승리하여 그분을 기쁘게 해드릴 수 있도록 준비시키실 것이다.

관리의 임무

3장
관리의 임무

"당신의 믿음은 위기를 이겨내는 것만큼 강하다."

태초에 하나님이 이 땅을 창조하셨을 때 비를 먼저 내리지 않으셨다는 것을 아는가? 하나님은 식물에게 물을 주고 싶지 않으셨다. 이유는 그분의 형상을 따라 식물들을 돌볼 누군가를 창조하기 전에는 식물이 자라길 원치 않으셨기 때문이다.

내가 그걸 어떻게 아느냐고? 창세기 2장을 보자.

여호와 하나님이 땅과 하늘을 만드시던 날에 여호와 하나님이 땅에 비를 내리지 아니하셨고 땅을 갈 사람도 없었으므로 들에는 초목이 아직 없었고 밭에는 채소가 나지 아니하였으며(창 2:4-5).

하나님은 땅 위의 어떤 것도 먼저 자라게 하지 않으셨다. 그 땅을 갈 사람이 아무도 없기 때문이었다. 킹 제임스 성경은 "갈다"(work)를 땅을 "경작하다"(till)로 번역한다. 식물을 키울 이가 아직 창조되지 않았고, 하나님은 돌봐주는 이 없이 식물이 자라길 원치 않으셨다.

달리 말하면 정원 일을 관리(manage)할 사람이 아무도 없었다는 것이다. 사실 '갈다'와 '경작하다'로 번역되는 고대 히브리어는 'abad'라는 단어로, 그 의미 중 하나는 '섬기다' '누군가 혹은 무엇이 섬기게 하다', 즉 다시 말해 '관리하다'라는 의미를 지닌다.

놀랍지 않은가! 하나님은 땅 위의 어떤 것도 먼저 자라게 하지 않으셨다. 아직 관리자를 두지 않으셨기 때문이다. 그래서 하나님은 최초의 관리자인 아담을 만드셨다. 그분의 형상대로 만들고 그분의 생명을 불어 넣으셨다. 하나님과 아담은 대화를 나누었다.

이제 하나님은 땅에 물을 주어 녹색 식물들이 풍성히 자라게 하셨다. 하나님은 식물과 나무로 가득 채워진 놀라운 정원을 만들어 그것을 에덴이라고 부르셨다. 하나님은 에덴동산을 아담의 처소로 주시고 그것을 "경작하며 지키게" 하셨다(창 2:8-15 참조). 또한 아담에게 동물들의 이름을 지으라고 하셨다. 그리고 아내를 주시고 하와라고 하셨다. 모든 것이 완벽했다.

우리는 아담처럼 관리자이다

아담은 자신이 무엇을 해야 하는지 스스로 알 수 없었다. 그래서 하나님은 그에게 가르쳐 주셨다. 아담과 하와에게 이렇게 말씀하셨다.

> 하나님이 그들에게 복을 주시며 하나님이 그들에게 이르시되 생육하고 번성하여 땅에 충만하라, 땅을 정복하라, 바다의 물고기와 하늘의 새와 땅에 움직이는 모든 생물을 다스리라 하시니라 하나님이 이르시되 내가 온 지면의 씨 맺는 모든 채소와 씨 가진 열매 맺는 모든 나무를 너희에게 주노니 너희의 먹을 거리가 되리라 또 땅의 모든 짐승과 하늘의 모든 새와 생명이 있어 땅에 기는 모든 것에게는 내가 모든 푸른 풀을 먹을 거리로 주노라 하시니 그대로 되니라(창 1:28-30).

처음부터 인간 창조에 대한 하나님의 동기와 이유는 관리였다. 이러한 단어들을 하나님의 '관리 임무'라고 말할 수 있다.

이러한 단어는 하나님의 본래 의도를 표명한다. 우리가 지구라 부르는 이 행성을 향한 그분의 본래 목적은 간단하면서 복잡하다. 이 땅에 하나님 나라의 법칙을 세우길 원하셨다는 점에서 간단하지만, 하나님은 풍성한 생명들을 창조하셨는데 아담이 나중에 발견했듯이 그것을 관리하는 것은 쉽지 않다는 점에서 복잡하다. 하나님은 오류에 빠지기 쉬운 존재들에게 큰 책임을 맡기셨다.

아담과 하와가 하나님께 반항했어도 그 임무를 바꾸지 않으셨다. 오직 수행 조건만을 바꾸셨다. 우리는 이러한 조건들을 물려받았고 또한 그 임무도 상속받았다.

수세기가 지난 지금 수십억의 사람들이 지구라 불리는 행성에 살고 있다. 그들 중 일부만이 자신을 향한 하나님의 본래 의도를 안다. 그들은 하나님의 형상대로 만들어졌기에 자신이 무언가를 관리하기로 되어 있음을 본능적으로 알고 있다. 그러나 그들을 창조하신 분을 인식하지 못한 채 자신의 생존과 행복을 위협하는 끊임없는 도전으로 괴로워하는 대부분의 사람들은 관리자가 되어야 하는 이 충동이 하나님으로부터 온다는 것과 하나님은 그들이 살고 있는 이 땅에 천국의 관리를 구현하길 원하신다는 것을 모르고 있다.

그들은 하나님 나라의 원칙에 대해서 거의 모르고 있다. 대부분 이 나라의 잠재적 시민이라는 것을 인식하지 못한다. 세상의 나라들이 그러하듯 하나님 나라에 고유한 문화와 법칙, 존재의 목적이 있다는 것을 이해하지 못한다.

시편 기자는 말한다.

"너희는 천지를 지으신 여호와께 복을 받는 자로다 하늘은 여호와의 하늘이라도 땅은 사람에게 주셨도다"(시 115:15-16).

하늘과 땅의 주님은 땅을 남자와 여자의 손에 주셨다. 시편이 말하지 않고 있는 바는 인류는 그 선물을 그다지 잘 관리하지 못했다는 것이다. 사실 사람들은 그것을 엉망으로 만드는 데 최선을 다하는 듯 보인다. 사단은 이 등식에 자신도 끼워 넣었다. 에덴동산 이후 영겁의 시간이 흐른 지금 누가 가장 큰 잘못을 저질렀는지 말하기조차 어렵다.

지구는 탄식하고 있다(롬 8:22 참조). 온 세상은 각종 위기로 비틀거리고 있다. 타락 이후, 지구와 통제하기 어려운 인구는 관리의 위기에 봉착해 있다. 우리가 위기라고 부르는 개별적 사건은 인류의 근원적인 관리의 위기로부터 기원한다. 절대 포기하지 않으시는 하나님(그리고 그분의 나라는 절대 위기에 빠지지 않음을 기억하라)은 지상에 그 나라를 회복하시기 위해 일하고 계신다.

하나님의 독생자 예수님은 이 땅에 사람의 몸으로 오셨다. 예수님의 제자들은 어떻게 기도해야 하는지 물었다. 예수님은 이렇게 기도하라고 말씀하셨다.

> 그러므로 너희는 이렇게 기도하라 하늘에 계신 우리 아버지여 이름이 거룩히 여김을 받으시오며 나라가 임하시오며 뜻이 하늘에서 이루어진 것 같이 땅에서도 이루어지이다(마 6:9-10).

하나님 나라의 법칙을 이 땅에 회복하고, 아담과 하와가 관리하던 에덴동산이 새롭게 세워지도록 부르짖으라고 말씀하셨다. 하나님 나라의 정원에서 하나님의 살아있는 말씀은 법이었다. 위기라는 단어는 그 땅의 어휘사전에는 존재하지 않았다.

사람들은 그분의 주권 하에 자발적으로 천국 백성이 될 수 있다. 시간이 지나면서 하늘의 문화를 배울 수 있다. 하나님의 원칙과 그분께 순종하면서 그분의 도움을 받는 법을 배울 수 있다. 그들은 지구촌 곳곳에 천국의 새 전초기지를 세울 수 있다.

당신과 내가 이 위대한 회복 작업의 일부가 될 수 있다.

위기라는 단어는 지구라고 불리는 이 말썽 많은 세상에 사는 동안은 천국 백성 어휘로 남아있겠지만 그 단어에는 구속의 울림이 있을 것이다. 동일한 '관리 임무'는 천국의 21세기 백성인 우리에게도 적용된다. 우리가 해야 할 일은 그분의 인도하심을 따라 어딜 가든지 하나님 나라의 통치와 문화를 전파하는 것이다. "물이 바다를 덮음 같이 여호와의 영광을 인정하는 것이 세상에 가득"(합 2:14) 할 때 까지다.

충돌하는 문화

타락 후에 자원을 관리하는 것이 파트타임이 아닌 전시간제의 일이 될 것이다. 그러나 타락이 무수한 위기상황들을 발생시켰다. 그 순간부터 "땅을 가는" 것은 피와 땀과 눈물을 요하게 되었다(창 3장 참조).

몇 십 년이 지나 가인은 아벨을 살해했다(창 4장 참조). 가족들 간의 불화는 민족 집단 사이의 전쟁으로 확대되었다. 질병이 번졌다. 남자와 여자와 아이들이 아사했다. 위기로 인한 파급 효과가 일상다반사가 되었다. 나는 1장에서 이를 나열했었다. 공포, 정신적 충격, 절망, 우울, 좌절, 불안, 외로움, 걱정, 무력감, 자포자기, 상실감, 절박감, 학대, 범죄. 이는 바로 인간의 상태이며, 하나님 나라의 문화와 그 비참한 모조품 인간 문화의 충돌을 나타낸다.

수세기 동안 인류는 지구 전체에 퍼져 죄를 짓고 죄와 싸워 왔다. 구약의 역사서를 읽을 때 우리는 연대기의 작은 일부만을 읽는다. 이 땅 위에 하나님이 세우신 하나님 나라는 영역에 대한 인간의 비열한 야망으로 끊임없이 좌절되어 왔다.

이러한 자기중심적인 야망은 하나님의 권위를 빼앗으려 애썼고 지금도 여전히 부추긴다. 그는 통탄할 이 세계의 상태가 그 거주민들에게는 정상으로 보이게 만들었다. 그는 하나님 나라에 거하기 위해 창조된 사람들을 미혹해왔다. 본질적으로 그는 고유의 하나님 나라의 문화를 값싼 짝퉁으로 바꿔버렸다.

제한된 범위에서 볼 때, 이는 한 나라의 문화가 다른 나라의 기존 문화에 종속될 때 일어나는 일이다. 바하마는 영국의 식민지였던 200년의 시간 동안 독특한 문화를 잃어버렸다. 우리 바하마인들은 카리브 사람과 아프리카 사람의 기막힌 융합이다. 그러나 200년은 긴 시간이다. 식민지에서 벗어날 때까지 많은 세대가 태어나 살다가 죽었다. 우리의 옛 문화는 새 문화에 의해 매장 당했다.

바하마인들은 200년 동안 영국 사람처럼 행동하는 법을 배웠다. 정부는 우리 언어를 앗아가고 표준영어로 대신했다. 대부분의 바하마 사람들은 아프리카인 후손이지만 그들 중 누구도 더 이상 조상의 언어를 쓰지 않는다. 그리고 식민지 개척자들은 아프리카 역사를 말살시켰다. 아프리카의 유명한 왕들에 대해서 배우기보다 헨리 8세, 엘리자베스 1세에 대해서 배워야 했다. 또한 지배자들은 영국의 문화를 강제로 습득하게 했다. 우리는 언제나 차를 마시게 되었다. 학교에서는 매일 작은 영국 국기 유니온 잭을 흔들면서 "대영제국이여, 지배하라"를 외치고 나서야 일과를 시작했다. 우리는 영국의 문화와 관습을 주입받았고 우리 고유의 아프리카와 카브리의 혼합 문화는 모두 사라지고 말았다.

이 같은 일은 인간이 정착하는 전 세계에 어디에서나 일어난다. 정복 국가가 언제나 악하다고 말하는 것은 아니다, 하지만 그 일이 어떻게 진행되는지 당신이 알았으면 한다. 사단이 인류에게 어떻게 동일한 짓을 해왔는지 이해가 되는가?

사단은 우선 우리의 언어, 왕과 자유로이 대화할 수 있는 능력을 앗아갔다. 그런 다음 그는 우리를 노예로 만들고 우리의 이전 나라, 즉 하나님 나라에 대한 모든 것은 잊게 만들었다. 그리고 아버지 되시는 하나님의 사랑에 대한 기억을 말소해버렸다. 대신 기묘한 우상들의 조합으로 대체하고 이 행성 전역에 잘못된 믿음을 함부로 지껄이기 시작했다.

마지막으로 그는 인간에게 자연스러워야 할 하나님 나라의 문화를 잊게 만들면서 최고의 해악을 가했다. 그는 하나님이 창조하신 창조물들이 반역자이자 거짓말쟁이가 된 타락한 천사처럼 행동하도록 부추겼다. 그의 감독 하에 우리는 기만과 타락한 생활의 '기술'을 완성시켰다. 하나님 나라의 문화의 특징인 풍성한 의와 평화와 기쁨에 대해서는 까맣게 잊은 채 말이다.

당신과 나는 이러한 문화 충돌 속에 태어났다. 시간이 지나도 아무것도 나아진 게 없다. 각 세대는 자신들의 시대가 최악의 문제를 안고 있다고 생각한다. UN이 설립된 것은 2차 세계대전 이후의 전쟁을 막고자 위함이었다. 그러나 약 60년이 좀더 지난 약 6은 기록된 인류 역사 속 모든 전쟁보다 더 많은 전쟁이 일어나고 있다. 마찬가지로 기타 선의에서 나온 노력들이 헛수고로 돌아갔다. 예를 들면 오늘날 전 세계 소식을 즉각적으로 전하는 뉴스 시스템의 발전으로 인해 우리는 곳곳에서 일어나는 격동의 규모에 더욱더 눈뜨게 되었다.

우리는 새로운 위기에 직면하여 불안에 몸을 뒤척이며 잠을 못 이룬다. 하지만 하나님의 사람들은 자신에게 닥친 도전을 극복할 수 있을 것이다. 그들을 둘러싼 세상 문화와 그들 가슴에서부터 흘러나오는 하나님 나라의 문화의 차이점을 볼 수만 있다면.

하나님의 백성은 마음의 눈을 열어 진리를 보는 자들이다. 그들은 인간이 만들고 사단이 자극하는 문화 속에서 살 수 밖에 없지만 하늘의 언어를 다시 배웠다. 이전에 자신이 저지른 반역을 회개하고 노예된 자신을 구하기 위해 아들을 보내신 한분의 통치를 기꺼이 받아들였다.

아담과 하와가 죄를 지었을 때 상실했던 그 역할을 다시 한 번 짊어진다-지금 나는 나 자신과 여러분 모두에게 말하고 있는 것이다. 하나님 나라의 통치를 회복하기 위해 하나님의 관리 임무와 경작을 인정하는 것은 우리에게 달려있다.

관리 시험

당신은 하나님의 관리 임무를 받아들일 때 시험받는 것이다. 예외는 없다. 바울은 말한다.

"오직 하나님께 옳게 여기심을 입어 복음을 위탁 받았으니 우리가 이와 같이 말함은 사람을 기쁘게 하려 함이 아니요 오직 우리 마음을 감찰하시는 하나님을 기쁘시게 하려 함이라" (살전 2:4).

야고보는 이렇게 덧붙인다.

"이는 너희 믿음의 시련이 인내를 만들어 내는 줄 너희가 앎이라"

(약 1:3).

시험은 어디서 오는가? 때론 하나님으로부터 직접 온다고 말할 수 있다. 또 타인에 의해, 어떨 때는 악한 자로부터 바로 오는 것처럼 보인다. 종종 우리의 시험은 위기가 득실거리는 상황을 통과한다. 언제나, 누가 책임 있는지 상관없이, 시험은 하나님이 승낙하셔야 하는데 그분은 항상 우리를 도와줄 준비를 하고 계신다.

관리의 시험에는 대가가 있다. 그 대가를 치르는 것이 시험을 통과하는 것이다. 당신은 자신의 교만함을 벗어버려야 할지도 모른다. 엄청난 시간을 들여 기도해야 할지도 모른다. 돈을 벌기는커녕 잃을 수 있다. 때론 그 대가는 실로 너무나 클 수도 있다. 복음을 위해 고난을 받은 사도 요한은 유배지 밧모 섬에서 동료 그리스도인들에게 자신의 계시적 메시지를 기록했다.

너는 장차 받을 고난을 두려워하지 말라 볼지어다 마귀가 장차 너희 가운데에서 몇 사람을 옥에 던져 시험을 받게 하리니 너희가 십 일 동안 환난을 받으리라 네가 죽도록 충성하라 그리하면 내가 생명의 관을 네게 주리라(계 2:10).

요한은 초대 사도들보다 더 오래 살면서 큰 대가를 치러야 했다. 그는 죽음을 궁극적인 시험으로, 수많은 시련과 오랜 박해의 정점으로 생각했다.

이전 장에서 나는 여러분에게 요셉의 관리 능력이 어떻게 시험받았는지를 여러 차례 보여주었다. 그는 멋지게 모든 시험을 통과했다. 그는 거절, 고통, 외로움, 향수병이라는 형태로 큰 대가를 치렀다. 그는 자신의 자만심(요셉이 소년일 때 상당히 교만했음을 기억하라), 지위, 경력, 유산을 내려놓았다. 그가 겪은 크나큰 충격들로 인해 패배했을 것 같지만 요셉은 하나님 그리고 하나님이 주신 재능과 신실한 성품(그가 성숙하면서 더욱 더 커진)을 의지했다.

요셉은 외국인이자 노예였다. 그는 감옥에서 빠져나올 수 없는 상태였다. 지배자의 반열에 오를 수 없는 사람이었다.

그럼에도 불구하고 요셉은 자신의 관리 능력으로 승리했다.

바로는 말했다. "요셉, 너에겐 관리 계획이 있으니 내가 나라 전역을 너에게 맡기겠다." 요셉은 이미 자신이 견실하고 성실하고 정직하며 장래를 대비하는 사람임을 증명했다. 그는 기근과 자신의 근면한 대비책으로 다시 한 번 스스로를 증명해 보였다.

　당신을 승진시키는 것도 관리이다. 여전히 믿지 못하겠다면 우수한 관리 자질 가운데 부족한 점이 당신의 승진 가능성에 어떻게 영향을 미칠 수 있을 지 한번 생각해보라.

　한번은 관리 세미나에서 육류포장 공장을 운영하는 한 남자의 이야기를 들었다. 그는 공장 직원들의 절도 때문에 골머리를 앓고 있다고 했다(바하마에서는 그것을 "tiefing"이라고 부른다). 그는 닭이 가공되기 전과 후에 수를 헤아릴 수 있기 때문에 직원들이 생산품을 많이 훔쳐가는 것을 눈치 챌 수 있었다. 그는 말했다. "저는 닭 삼천 마리를 들여왔다는 걸 알고 있죠. 그런데 끝나고 나면 이천 마리밖에 없어요. 천 마리에겐 무슨 일이 생긴 거죠? 닭들이 어디로 갔단 말입니까? 날개가 달린 것도 아닌데. 닭들은 이미 죽어서 날 수가 없단 말입니다…."

　그의 직원들에게도 날개는 없다, 그러나 그들에게는 걸을 수 있는 발이 있었다―무언가를 훔쳐 낼 끈적거리는 손가락과 함께 말이다. 이들 중 누구라도 월급이 올랐다거나 승진을 했다면 아주 놀랄 일이고, 반면 그들 중 누군가가 해고되었다고 들어도 충격을 받지 않았을 것이다. 이 육류포장 공장의 주인이 공장 운영을 감독할 '요셉'을 영입 하였다면 어땠을까? 상황은 나아졌을 거다. 직원들의 부정한 짓거리들을 요셉은 끝장냈을 테니까!

요셉은 바하마뿐만 아니라 다른 곳에서도 특별한 문젯거리인 그들의 권리의식을 깨놓았을 것이다. 그들은 이렇게 말한다. "좀 가져가면 어때? 월급도 많이 안 주는데. 이까짓 닭 몇 마리 가져갈 수도 있지." 익숙한 소리로 들리는가?

이는 악을 합리화하는 것이다. 하나님은 주목하고 계신다. 정직과 근면을 찾고 계신다. 하나님은 열심히 일하고 자신의 일을 성실히 관리하는 사람에게 보상하신다. 그분은 당신의 성품을 시험하기 위해 양심의 위기를 허락하신다. 당신은 우수한 관리자의 특성을 가지고 있는가?

당신은 관리 시험을 통과했는가? 당신은 절박했기 때문에(혹은 단순히 권리의식 때문에) 당신만의 강점에 의지하려는 유혹을 받았는가? 이미 이러한 유혹을 받았다 하더라도 보다 나은 개인의 역사를 세우기에 결코 늦지 않았다. 회개하고 백지로 시작하라. 하나님 나라의 원칙대로 살기 시작하라. 그렇게 하면 자기중심적인 인간적 통찰력을 따라 사는 것보다 더 많은 축복을 받게 될 것이다.

내일 출근하면 당신의 책상 혹은 당신의 작업 장소는 어디든지 깨끗이 하라. 목표를 이루라. 해야 할 일을 미루고 게으름을 피우지 마라. 하나님이 당신을 보고 계신 것처럼 일하라. 하나님은 실로 그러시기 때문이다.

그리고 집에 가서도 동일하라. 이웃 사람들이 형편없고, 아파트가 당신의 것이 아니더라도 최선을 다하라. 창문은 마치 당신의 영혼을 닦듯이 늘 청결히 유지하라.

요셉은 그 더러운 감옥에 살 때도 늘 머리칼을 단정히 하고 죄수복을 깨끗이 유지했을 거라고 나는 확신한다. 하나님은 감옥에 갇힌 요셉을 지켜보고 계셨다. 가족과 바로가 그를 볼 수 없을 때도 마찬가지다. 하나님은 요셉이 다른 시험을 통과했던 것처럼 이 시험도 통과할 것인지 알기 위해 지켜보고 계셨다. 감옥에서 이 아주 제한된 자원들을 어떻게 관리할 것인가? 그는 거짓말을 하거나 훔칠 것인가? 두려워하거나 화를 낼 것인가? 의기소침해져 음울해질 것인가?

요셉은 시험을 통과했기 때문에 승진했다. 새로 주어진 임무로 그는 더 큰 영예를 얻었다. 동시에 많은 책임이 주어졌다. 더 큰 부를 얻었고 더 많은 권세를 누렸지만 훨씬 더 열심히 일하고 주님의 이름을 더욱더 많이 불러야 했다.

하나님은 하나님 나라를 세우기 위해 지상의 '감옥' 한가운데서 요셉과 같은 남자 혹은 여자를 사용하실 수 있다.

효과적인 관리가 자원을 결정한다

요셉의 이야기는 효과적인 관리가 한 사람이 이용할 수 있는 자원을 어떻게 결정하는지를 보여준다. 요셉은 몇 번의 위기를 만났지만 위축되지 않았다. 제어할 수 없는 상황을 효과적으로 관리하여 승진했다.

도달하기까진 오래 걸리겠지만 우수한 관리의 최종 결과는 부의 상승이다. 그 부는 돈 혹은 행복, 감사와 같이 당신의 손 안에 쥘 수 없는 형태이다.

예수님은 관리에 대해 특별한 이야기를 들려주셨다. 누가는 자신의 복음서에서 이를 이야기한다(눅 16장). 한 때 정직하지 못했으나 탁월한 관리자의 기질을 가지고 있던 똑똑한 관리자에 대한 우화이다.

예수님은 그가 해고된 후에 한 행동으로 그를 칭찬하셨다. 그는 주인의 재산을 낭비하고 거짓말을 한 이유로 해고되었다. 주인이 자신을 해고했을 때 잠깐 놀라긴 했지만 아주 영리한 관리자였다. 그는 다른 일을 쉽사리 찾지 못할 것을 알고 있었다. 그래서 주저함 없이 주인에게 빚진 자들을 찾았다. 그는 빚진 자들을 각각 대면하여 그들의 미결제 증서 금액을 재조정해 주었다. 부유했던 이 채무자들의 환심을 산다면, 아마 그들 중 하나는 자신에게 일자리를 줄 것이라고 생각했던 것이다.

솔직히 나는 옛 주인이 그를 재고용했을지 의심스럽다. 옛 주인은 많은 손해를 보았기 때문이다. 그런데 예수님은 주인이 그의 옛 관리자를 칭찬했다고 말씀하신다.

"주인이 이 옳지 않은 청지기가 일을 지혜 있게 하였으므로 칭찬하였으니 이 세대의 아들들이 자기 시대에 있어서는 빛의 아들들보다 더 지혜로움이니라"(눅 16:8).

예수님은 계속해서 아주 중요한 핵심을 찌르신다.

> 지극히 작은 것에 충성된 자는 큰 것에도 충성되고 지극히 작은 것에 불의한 자는 큰 것에도 불의하니라 너희가 만일 불의한 재물에도 충성하지 아니하면 누가 참된 것으로 너희에게 맡기겠느냐 너희가 만일 남의 것에 충성하지 아니하면 누가 너희의 것을 너희에게 주겠느냐(눅 16:10-12).

하나님은 당신이 단순히 구원받았다는 이유로 월급을 주지 않으신다. 그분은 당신이 관리할 수 있는 소득만을 주실 것이다. 당신의 관리 능력(당신의 신실한 성품 및 순종과 함께 성장하는)이 은혜를 얻도록 하실 것이다. 당신의 관리가 효과적일수록 더 큰 책무가 맡겨지고 더 큰 자원으로 축복받을 가능성은 커질 것이다.

닭을 기억하라. 종이 집게와 예수님 이야기의 영리한 관리자를 기억하라. 당신이 작은 것에 부정하면 큰 것에도 부정할 것이다. 그러면 관리자로서 신뢰받지 못할 것이다. 당신이 작은 것을 소홀히 하면 큰 것도 잘못 관리할 것이다. 그렇게 되면 어떻게 진정한 부를 얻겠는가?

당신은 재산권을 얻어야 한다. 원리는 이러하다. 대부분의 사람들이 결혼생활을 임대 아파트나 주택에서 시작하는 이유가 그것이다. 대부분의 회사와 교회가 임대 시설에서 시작하는 이유가 그것이다. 돈을 더 모으면 더 올라갈 수 있다는 것은 사실이다. 하지만 당신이 임대한 자산을 다루는 방식에 있어 존중을 배운다면 더 빨리 올라갈 수 있을 것이다. 하나님은 임대 아파트를 잘 관리한 당신에게 상 주실 것이다.

서구 사회의 많은 도시에서 평생 집을 빌려 본 사람들은 종종 자신의 처소를 보존하는 일을 무시하고 자산 소유자를 경시한다. 그들의 자녀는 욕실의 타일을 망가뜨린다. 무슨 상관이야? 빌린 건데. 백열전구가 나갔다고? 집주인한테 새 것을 달라고 해. 구할 방법이 있는데 허튼 돈을 왜 써.

하나님은 당신에게 더 큰 관리 자산을 주시기 전에 이미 받은 것을 얼마나 잘 관리하는지 보신다. 일주일에 교회를 세 번 가거나 주머니마다 성경책을 넣고 다닌다 해도 상관이 없다. 하나님이 당신에게 세워놓으신 상황을 관리하지 못한다면, "더 많이. 많이. 더욱더 많이" 라는 당신의 열렬한 기도에 응답하지 않으실 것이다. (하나님께 1백만 달러를 달라고 구하는 당신을 상상해 보았는가? 우리 중 90퍼센트 이상의 사람에게 1백만 달러라는 돈은 엄청나게 큰 액수이다. 우리는 비행기로 호화스러운 휴가를 다니고 멋진 자동차 등등을 사버릴 것이다. 오래지않아 파산해서 전보다 더 비참한 상태가 되고 말 것이다.)

끝으로 십일조는 효과적인 관리의 일부이다. 십일조는 하나님의 관리 훈련 프로그램이다. 하나님은 당신이 십일조를 어떻게 관리하느냐로 자원을 어떻게 관리하는지 보실 것이다. 하나님이 돈이 필요해서가 아니다. 다시 한 번 말하지만 모든 것은 그분의 것이다. 하나님은 당신이 그분의 돈의 작은 10퍼센트를 따로 떼어놓을 수 있는지를 확인하고 싶어 하신다.

십일조에는 책임이 필요하다. 훈련이 필요하다. 정직이 필요하다. 근면, 신실함, 신뢰가 필요하다. 이 모든 것 역시 우수한 관리의 측면이다.

하나님이 말라기 선지자를 통해 이스라엘 백성에게 하신 말씀을 기억하는가?

"너희는 나의 것을 도둑질하고도"(말 3:8).

백성들은 답한다.

"우리가 어떻게 주의 것을 도둑질하였나이까."

그리고 하나님은 말씀하신다.

"곧 십일조와 봉헌물이라"(말 3:8).

하나님은 그들에게 말씀하셨다.

"너희가 나의 십일조를 먹고 있도다."

그리고 하나님은 그들과 거래하셨다.

"너희의 온전한 십일조를 창고에 들여 나의 집에 양식이 있게 하고 그것으로 나를 시험하여 내가 하늘 문을 열고 너희에게 복을 쌓을 곳이 없도록 붓지 아니하나 보라"(말 3:10).

효과적인 관리가 당신의 자원을 결정한다는 말에 깃든 의미를 잘 보여주는 예가 바로 이것이다!

가치 더하기

2장에서 언급한 관리의 정의를 기억하라. 관리란 다른 사람의 자산과 자원을 그것에 위임된 기대부가가치 생산이라는 목적을 위해 효과적으로, 효율적으로, 올바르게, 시기적절하게 사용하는 것이다.

당신이 하는 일에 가치를 더하고 있는가? 가치를 더한다는 것은 무슨 뜻인가?

당신은 고용인인가? 그저 일터에 나타났다가 월급만 챙겨가는 사람이 되지 마라. 당신은 고용주의 어떤 사업 측면을 관리하는가? 당신이 관리하는 것을 파악하고 그것을 향상시키기 위해 노력하라. 당신이 응접원이라 해도 늘 재빠르고, 친절하고, 신뢰감 있고, 친절하게 다시 말해 이력서에 나타나지 않을 작은 일들을 함으로써 당신의 자리에 가치를 부가할 수 있다. 당신이 눈에 띄지 않는 곳에서 묵묵히 일하는 야간 경비원이라면, 근면으로 당신의 일에 가치를 더할 수 있다. 언제나 쉬운 길만을 찾으려고 하지 말라. 대신 당신을 고용한 사람을 섬기는 방법을 찾으라. 맡은 일과 의무를 넘어선 일을 하라.

직위에 관련 없이 고용주의 사업을 성장시킬 아이디어들을 생각해낼 수 있다. 부서를 확장시킬 전략을 생각해낼 수 있다. 사업 이익을 늘릴 독창적 아이디어들을 생각해낼 수 있다.

다른 사람의 일을 관리하는가? 그들을 세워주라. 최선을 다할 수 있게 도와주라. 그들이 자신의 일을 보다 효율적이고 원활히 할 수 있는 방법들을 생각해보라. 사람들이 당신에게 상담을 하고자 약속을 정하는가? 한 사람 한 사람을 동일한 관심으로 섬겨라. 그들에게 법률 조언이든, 의학 조언이든 당신이 줄 수 있는 것을 주라. 그들이 받고자 기대했던 것 이상을 주라.

유쾌해져라. 당신의 시간에 관대한 동시에 효율적이어야 한다. 누군가를 대기실에서 기다리게 한다면 이는 가치를 더하는 것이 아니다.

가족이 있는가? 일 때문에 가족의 존재가 사라지지 않게 하라. 아이들과 함께 있어주라. 가족을 당연시 여기지 말라. 그들과 함께 살아서 당신이 기쁘다는 것을 가족들이 알아야 한다. 그들에게 감사하고 있음을 표현하라. 배우자에게 애정을 보여라. 불쾌한 모습이나 지나친 요구를 보이지 말라.

달란트를 받았던 종들에 대한 성경 이야기를 기억하는가? (마 25:14-30 참조). 칭찬(그리고 현금을!)을 받은 이들은 자신이 받은 돈에 가치를 더한 이들이었다. 뒤뜰에 한 달란트를 묻었던 자는 꾸중을 듣고 그 한 달란트마저 빼앗겼다. 그는 그것에 어떠한 가치도 더하지 못한 것이다. 또한 주인에게 내민 그 한 달란트는 흙과 먼지가 가득 묻어 있었을 것이다.

주인은 그에게 다소 강한 단어를 사용했다. "악하고 게으른"이라고 표현했다.

"악하고 게으른 종아… 그러면 네가 마땅히 내 돈을 취리하는 자들에게나 맡겼다가 내가 돌아와서 내 원금과 이자를 받게 하였을 것이니라(마 25:26-27).

하나님에게 악함은 당신이 그분의 자원 하나라도 잘못 관리할 때이다. 그리고 당신에게 주신 것에 그 가치를 잃어버릴 때이다. 하나님이 당신에게 "악하고 게으르다"고 부르시는 것을 원하지 않을 거 아닌가.

당신에게 주어지는 매일의 시험을 통과하기 위해 할 수 있는 모든 것을 하라. 시간 사용에 가치를 더하라. 잘 관리하라. 낭비하지 마라. 제 시간에 나타나고, 제 시간에 떠나라. 당신의 '중간' 시간에 가치를 더하라. 이동 중이거나 다음 일을 기다리고 있을 때 무엇을 위해 기도할지 주님께 여쭈어라.

당신의 관계에 가치를 더하라. 기본적인 선한 예의범절을 지켜라. 타인에게 존중과 존경을 표하라. 자신에 대해 생각하기 전에 상대방을 먼저 생각하라. 타인의 하루를 보다 성공적으로 만들 방법을 찾아보라.

당신의 하루 일과를 곰곰이 살펴보라. 어떻게 하면 더 잘 관리할 수 있을까? 일과의 모든 측면에 어떻게 가치를 더할 수 있을까?

근면과 인내

잠언 10장 4절은 말한다.

"손을 게으르게 놀리는 자는 가난하게 되고 손이 부지런한 자는 부하게 되느니라."

게으름과 가난의 반대는 부지런함과 부이다.
빈궁에 처할 건가 아니면 풍성한 공급하심을 받겠는가? 내가 이렇게 수사의문을 던지는 것은 당신이 어떻게 답할지 이미 알고 있기 때문이다.
부지런한 사람은 인내심 있는 사람이다. 두 성품은 함께 간다. 그들은 서로를 정의 내리는데 도움이 된다. 부지런한 사람은 오래 열심히 일해야 한다. 피곤하거나 낙심될 때도 포기하지 않아야 한다. 일하는 동안 대접받기를 요구하지 않는다. 끈기 있게 일한다. 마찬가지로 인내심이 있는 사람은 기꺼이 결과를 기다릴 것이다. 인내는 수동적인 것이 아니다. 그것은 무언가를 행하는 것-당신의 소망과 신뢰를 어떤 결과에 두는 것-이 포함되기 때문에 적극적이다.

인내심이 있고 부지런한 사람이 우수한 관리자이다. 그런 사람은 새 자동차를 살 충분한 돈을 모으기 위해 부지런히 일하는 (자원을 관리하는) 동안은 오래되고 낡은 자동차를 기꺼이 몇 년 더 탈 것이다. 끈기 있고 부지런한 사람은 성급하게 행동하지 않는다. 왜 대출을 해서까지 새 자동차를 산단 말인가? 아직 출근할 때 낡은 자동차를 몰 수 있는데 말이다. 꼭 가질 필요 없는 자동차 비용 때문에 왜 이자를 내는가? 이는 당신 자산의 '부가가치'를 감소시키고 당신의 권리의식과 교만을 살찌울 뿐이다.

당신은 게으른 습관을 고치기 위해 도움을 구해야할 것이다. 그 습관이 얼마나 뿌리 깊이 배어있는지 깨닫지 못할 수 있으며, 부지런한 관리자가 되기 위해 필요한 특별한 에너지를 발휘하려면 다른 사람의 지원이 필요할지도 모른다.

자신이 타고난 관리자처럼 보이더라도 자신의 재능과 지혜를 행사해야 할 것이다. 인생을 자동속도조정시스템에 올려둘 순 없다. 운전석에 하나님이 앉게 하라. 당신의 재능을 사용하도록 도우시게 하라. 또한 목표와 전략도 정의 내려야 할 것이다. 개인적인 예를 들어보겠다.

아내와 내가 결혼했을 때 우리는 집을 살 여유가 없었다. 나는 학교를 마치고 아내와 맏이를 데리고 장모님 댁에서 살았다. 집세를 낼 형편도 안 되었기 때문이다. 4년 동안 거기서 살았다. 우리는 테이프가 덕지덕지 붙은 범퍼가 달린 낡은 빨간색

닷선(Datsun)을 몰았다. 우리가 그렇게 가난한 건 게으름 탓이 아니었다. 우리는 한 가정으로서 막 시작했고 쌓을 만한 시간이 아직 없었다. 당시의 4년은 영원처럼 보였다. 나는 근면함과 인내로 교만을 삼키고 목표를 향해 달려가야만 했다.

내게는 분명한 목표가 있었다. 나는 웨스트우드 빌라로 불리는 곳에 집을 살 충분한 돈을 모으고 싶었다. 훌륭하신 장모님의 사랑을 무한정으로 이용할 의도는 전혀 없었다. 때로 이런 생활 방식에 지칠 때면 스스로에게 그 진리를 상기시켰다. 그리고 나가서 자동차 범퍼에 접착테이프를 한 번 더 바르곤 했다. 길거리로 차를 몰고 나가면 자동차에선 연기가 피어오르곤 했다. 아무도 우리가 형편에 맞지 않게 산다고 비난할 수 없었다.

마침내 우리는 웨스트우드 빌라에 집을 마련했다. 이제 완전한 우리 집이며 자동차도 세 대나 있다. 그 집을 산 이후 자산평가금액이 크게 올라 초기 투자에 가치가 더해졌다. 물질뿐만 아니라 근면과 인내심의 면에서도 지불한 대가의 가치가 있었다.

잠언은 근면에 대한 조언으로 가득 차 있다. 잠언 13장 4절은 말한다.

> "게으른 자는 마음으로 원하여도 얻지 못하나 부지런한 자의 마음은 풍족함을 얻느니라."

게으름뱅이는 나태한 자의 친구이다. 그들은 언제나 대박이 터지기를 원하지만 그런 일은 절대 일어나지 않는다. 그들은 해가 빛나는 밖을 보면서 말한다. "오늘은 운수 좋은 날이 될 거야." 그들은 언제나 자신에게 '계획'이 있다고 말한다. 하지만 언제나 무일푼이다. 반대로 부지런한 사람은 한몫 잡는다는 생각을 조금도 하지 않는다. 단순한 행운에 의존하지 않는다. 아침에 침대에서 머뭇거림 없이 일어나 일터로 출근한다. 자신을 올바른 길로 가게 해주시는 하나님의 힘을 신뢰하면서 말이다. 그의 계획은 건전한 것이다. 자신이 하나님 자원의 청지기임을 기억하고 있기 때문이다.

그는 결국엔 성공할 사람이다. 모든 장애를 극복하고 회복하여 이전보다 더 강해질 것이다. 이 말은 역시 진리이다.

"부지런한 자의 경영은 풍부함에 이를 것이나 조급한 자는 궁핍함에 이를 따름이니라"(잠 21:5).

위기를 관리하는
일곱 가지 방법

04

4장
위기를 관리하는 일곱 가지 방법

성품은 위기 속에서 만들어지는 게 아니다-나타날 뿐이다.

-로버트 프리만

위기가 닥치고 나서야 준비의 유무를 확인한다면 이미 늦었다. 그러나 힘든 시기를 헤쳐 나갈 준비가 되었든 안 되었든 간에 위기는 당신에게 새로운 것을 가르쳐 줄 것이다.

만일 당신이 지금까지 하나님 나라의 백성으로 성장해왔다면, 기쁨으로 놀라게 될 것이다. 물론 위기 자체는 유쾌하지 않다. 하지만 위기에 대한 대처 방식은 당신이 위기 관리 수업을 잘 익혀왔는지를 증명해줄 것이다. 당신은 두려움과 공포 대신에 마음에 평안함을 발견할 것이다. 숨이 가빠 헐떡거리거나 기적을 바라는 대신 하나님을 전적으로 신뢰할 수 있음을 발견할 것이다. 당신이 언제나 그래왔듯이 말이다. 마음이 무너지는 순간이 있겠지만 대부분 당신은 또렷하고도 분명한 방식으로 반응할 것이다. 또한 가족과 친구들도 그렇게 도와줄 수 있을 것이다.

당신이 이와 같다면 위기 상황은 만회할 기회를 줄 것이다. 당신의 우선순위들이 현미경 아래에 놓이게 될 것이다. 당신은 일을 잘 처리해왔음에도 소득 수준에 연연해하지 않았는가? 이제 돈을 신뢰했던 것을 회개하고 공급자이신 하나님만을 바라볼 시간이다. 주일성수와 십일조를 성실하게 했지만 하나님보다는 목회자나 교회 제도를 더 신뢰하지 않았는가? 위기 상황은 당신을 붙들고 있는 지지대가 무엇인지 드러내 보일 것이다. 하나님은 당신을 성장시키기 위해 그것을 사용하실 것이다.

한편 당신이 주님과 동행하지 않고 세상 사람들과 다를 바 없는 삶을 살아왔다면 위기는 당신을 흔들어 깨울 것이다. 하나님은 당신의 관심을 얻길 원하신다. 그분은 당신을 너무도 아끼시기에 삶을 허비하도록 내버려두지 않는다. 그분은 당신이 경영 능력 특강과 지금까지 배워온 교훈들을 복습하길 원하신다.

위기의 본질은 교훈을 힘들여 배우게 하는데 있다. 당신은 누군가가 와서 어떻게 해야 하는지 알려주었으면 할 것이다. 두려움이나 불안에 사로잡히면 어찌할 바를 모르게 되기 때문이다.

그 이유로 나는 위기를 관리하는 일곱 가지 방법을 설명하고자 한다. 특히 실업, 예상치 못한 고가의 청구서, 가족 건강의 위기, 자연재해, 주택 유질처분(당신이 임대한 집이라도 집주인은 유질처분을 겪을 수 있다), 혹은 모든 사람의 안녕에 영향을 미치는 국가적인 금융위기와 같은 재정적 결과가 포함된 위기.

자세히 하나씩 살펴보자. 위기관리는 어떻게 시작하는가? 당신의 삶을 평가하고 다음을 실천함으로써 시작하라.

1. 필요를 결정하라.

2. 필요한 것만을 구매하라.

3. 능력 이상으로 살지 말라.

4. 불필요한 것은 사용하지 말라.

5. 중요한 계획들은 지연시켜라.

6. 소유한 것을 소중히 여겨라.

7. 저축하고 절약하고 자원을 보호하라.

1. 필요를 결정하라

우선 당신은 필요를 결정해야 한다. 쇼핑을 하러 가기 전에 목록을 적는 사람은 많다. 하지만 우리 삶에 진정으로 필요한 것들을 목록으로 만드는 이는 과연 몇 명이나 될까?

우리는 필요와 '원하는 것' 사이의 차이를 분명히 알아야 한다. 위기의 순간에 필요와 원하는 것을 분명히 구분하고 재빨리 파악할 수 있어야 한다.

대부분의 사람들은 필요와 원하는 것을 뒤섞어 버린다. 둘 사이를 구분하는 게 그리 쉬운 일은 아니다. 때론 우리는 그저 무언가를 몹시 원한다. 무언가를 몹시도 원한다는 것이 그것을 필수품으로 만들어주지 않는다. 지나가는 길에 쇼윈도에서 본 새 옷이 정말로 필요한가? 그렇지 않다는 것을 본인은 알고 있다.

때로 우리는 다른 사람들이 말하는 것 때문에 무언가를 '필요'라는 범주에 집어넣는다. 우리는 어울려야 한다고 생각하는 그룹에 속하기 위해서 그렇게 하기도 한다. "내가 ( )도 없으면 사람들이 뭐라고 생각할까?" 괄호를 채워보라. "내가 이혼한 사실에 대해서 사람들은 어떻게 생각할까?" "평판이 좋지 않은 지역에 내 사업체/교회/집을 세우면 사람들이 날 멀리하지 않을까?"

우리는 종종는 다른 사람의 기대에 부응해야 한다는 의무감을 느낀다. 예를 들어 당신은 가족들을 위해 크리스마스 선물로 값비싼 전자기기를 마련했다. 그런데 남편은 실직을 했고 올 한 해 지출도 꽤 많았다. 이번 크리스마스에는 예산을 생각해 보다 실용적인 것을 사주기로 결정하라. 간단히 하라. 선물을 직접 만들어볼 수도 있다. 창의력을 발휘하라. 누군가에게는 케이크를 만들어 그 위에 이름을 적어 줄 수 있다. 예쁜 단지에다 꽃을 길러 볼 수도 있다. 시간과 기술을 들여 사람들의 집 안팎의 문제들을 도와줄 수도 있다. 예전에 값비싼 선물을 주었다고 해서 올해에도 꼭 그럴 필요는 없다.

위기라면 가지고 싶은 것이 있어도 참아야 한다. 자꾸만 시선이 가는 아름다운 물건에 대해 애태울 때가 아니다. 당신은 매일 점심을 나가서 사먹는 데 익숙한지 모른다. 이제는 도시락을 싸서 가지고 다니기 시작할 때이다. 이렇게 푸념하지 말라. "하지만 나는 일주일에 한번쯤은 친구들과 외식하고 싶단 말이야." 그렇게 하고 싶어도 지금은 위기 상황이다. 집에서 직접 요리를 해서 먹어라.

오늘 당신의 진정한 필요와 원하는 것의 차이를 알아내겠다고 결심하라. 하나님은 당신이 회색지대에서 살길 원치 않으신다. 우유부단과 모호한 사고는 도로 한 가운데에 서 있는 것처럼 위험한 자리로 이끌 것이다. 길거리에서 살고 싶은 사람은 아무도 없다. 만약 길 한 가운데에 있다면 연이은 위기가 당신을 끊임없이 괴롭힐 것이다.

2. 필요한 것만을 구매하라

한때 좋은 생각으로 여겨진 것-마을 저편의 멋진 땅 한 덩어리를 사는 것-이 소득에 위기를 가져온다면 이는 더 이상 현명한 계획으로 보이지 않는다. 위기가 닥치면 더 이상 그 땅 덩어리가 필요하지 않을 것이다. 만약 그것을 산다면 후회하게 될 것이다. 가치 없는 땅 한 덩어리 인생으로 끝나고 말 것이다.

위기 상황이라면 구매에 '일시정지' 버튼을 눌러라. 당신에게 필요하고 합리적으로 확신되는 것만을 구매하라. 만일 허리케인이 오고 있다면 나가서 생수와 손전등 배터리 몇 개를 사라. 그러나 잔디용 가구 할인점은 지나쳐라. 필요와 원하는 것을 결정하면 구매하는 문제에 있어 큰 어려움을 겪지 않을 것이다. 당신이 필요한 것만을 구매하라.

위기 상황에서는 유동자산이 필요할 것이다. 필요한 것을 구매하고 미해결된 부채를 청산하기 위해 쓸 돈이 필요할 것이다. 지갑 속의 현금과 주머니속의 동전들은 유동자산이다. 저축예금과 당좌예금 계좌와 같은 은행 계좌의 돈은 유동자산이다. 즉시 손에 넣을 수 있기 때문이다.

위기 상황에서는 앞서 언급한 땅 덩어리와 같은 추가 고정자산은 필요가 없다. 현금 가치가 높다고 하더라도 집은 고정자산이다. 그것을 팔아 가치를 현금화하는 데는 시간이 오래 걸리며 국가적 위기일 때는 그러한 거래마저 성사되기 어렵다.

3. 능력 이상으로 살지 말라

위기 시에는 청구서를 지불하고 구매한 것을 유지하는 능력 이상으로 살아서는 안 된다. 이는 상식이다. 그러나 요즘은 이 단순한 상식이 희박해졌다. 이는 필요한 것과 원하는 것의 문제이다.

당신의 은행계좌를 확인해보라. 지갑을 들여다보라. 청구서들을 확인해보라. 소득이 지출보다 많은가? 아니면 지출이 소득보다 많은가? 신용카드를 지나치게 사용하고 있진 않은가?

수입에 맞는 생활을 하라-일부에게는 참으로 낯선 개념일 테지! 우리는 왜곡된 사고로 행동한다. 사실 우리는 대부분의 시간을 '원하는 것'에 맞는 생활을 한다. 그러고 나서 왜 어려움에 처하는지 의아해한다. 몇 개월이 지나, 개인적 위기에 대해서 자신 외의 그 누구도 원망할 수 없게 된다.

수입에 맞는 생활을 하라. 그러겠다고 결심하라. 누군가에게 털어놓아라. 결심한 것을 책임감 있게 지켜라. 필요하다면 조언을 구하라. 무일푼이 되는 것보다 잠깐 자존심을 잃는 게 훨씬 낫다.

4. 불필요한 것은 사용하지 말라

진정 필요한 것과 '그 외의 것'의 차이를 결정하면, 필요한 것과 불필요한 것 사이에 선을 그을 수 있다. 인생의 필수품인 음식, 집, 그 외의 것 등은 진실로 필요한 것들이다. 그런데 클럽 회원권, 원정 쇼핑, 각종 콘서트 티켓 등은 사치품일 수, 불필요한 것일 수 있다.

그렇다. 당신은 희생해야 한다. 언젠가 다시 누릴 수 있겠지만 지금 당장은 아니다. 기억하라. 당신이 '소유한' 모든 것이 당신의 것이 아니다. 그것은 하나님께 속한 것으로 당신은 청지기로 잠시 맡았을 뿐이다. 당신은 값으로 산 것으로 자신의 것이 아니라고 말씀하시는 그분보다 현명하다고 행동해서는 안 된다(고전 6:19-20 참조). 이는 "당신은 스스로에게 속하지 않았다. 왜냐하면 하나님이 값비싼 대가를 치르고 당신을 사셨기 때문이다"로 표현할 수 있다.

소비 습관을 고친다면 타인에게 나누어줄 수 있다. 우리는 타인에게 나누는 일의 중요성을 잊어버리는 경향이 있다. 당신이 시간과 돈을 불필요한 것에 탕진하고 있다면 결국엔 나누어줄 것이 하나도 없게 된다.

"… 하나님은 즐겨 내는 자를 사랑하시느니라"(고후 9:7).

그리고

"적게 심는 자는 적게 거두고 많이 심는 자는 많이 거둔다"(고후 9:6).

당신이 돈을 쓴다고 이리저리 바쁘게 다니면 타인에게 나눠줄 시간이 없을 것이다. SUV를 몰고 헬스장에 갈 때마다 '먹고 살기 위해 구걸합니다'라는 표지판을 든 남자 앞에서는 당신의 소비를 정당화시키기 어려울 것이다.

불필요한 것은 사용하지 말라. 당신은 돈을 소비하는 것으로 인생을 꾸려서는 안 된다. 특별히 위기 시에는 값비싼 명품에서 손을 떼는 것도 괜찮다.

또한 당신의 결심을 약화시키는 친구라면 잠시 그와의 우정에서 벗어나는 것도 괜찮다. 당신은 어떤 사람과 교제하는 게 중요하지 않다고 할지 모르나 그것은 중요한 문제이다. 예수님이 말씀하셨다.

"맹인이 맹인을 인도할 수 있느냐 둘이 다 구덩이에 빠지지 아니하겠느냐"(눅 6:39).

어떤 사람들은 갈등을 빚는 게 두려워 영적 맹인인 친구들과 교제를 끊지 못해 위기에 처하기도 한다.

단절은 모순될 필요가 없다. 조용히 사람들의 삶에서 빠져나와도 크게 이상하게 보이지 않을 수 있다. 사람들이 한동안 보이지 않는 걸 눈치 채면 그저 웃으며 말하면 된다. "아, 요즘 무척 바빴어요." 1년쯤 지나고 소식을 전하지 못해도 당신은 중요한 프로젝트를 진행 중이었고, 특별한 일들을 하고 있었고, 책임 맡은 일들을 완수하고 있었다고 할 수 있다. 당신은 예루살렘 성벽을 재건하지 못하도록 방해하려는 사람들에게 이렇게 반응한 느헤미야를 본받을 수 있다,

"내가 이제 큰 역사를 하니 내려가지 못하겠노라 어찌하여 역사를 중지하게 하고 너희에게로 내려가겠느냐" (느 6:3).

5. 중요한 계획들은 지연시켜라

위기 속에서 바쁘고 고된 일을 해야 할 때는 신규 대형 프로젝트를 맡아서는 안 된다. 이는 동일한 아이디어를 또 다르게 변형한 것이다. 위기 시에는 당신의 자산이나 관리하는 것을 향상시키기 위한 계획을 축소한다는 의식적 결정을 내려라. 정부는 그렇게 하고 있다. 회사도 그렇다. 당신도 그렇게 해야 한다.

대기업에서 삭감을 할 때, 중역들은 감정도 없는 듯 이런 말을 한다. "직원 35퍼센트를 잘라라." 그리고 회의실을 걸어 나온다. 그들은 누가 해고되든지 상관하지 않는다. 어떻게 해고되는지 상관하지 않는다. 개인적으로 직원 몇 명을 봐주는 것은 그들에게는 별문제가 아니다. "직원 35퍼센트를 잘라라." 그것뿐이다. 당신도 지금 당장 이렇게 해야 한다. 위기의 순간에는 감정 때문에 머뭇거려서는 안 된다.

올해 새 에어컨을 설치하려고 했는가? 그 생각은 멈추고 옛 것을 그대로 쓰라. 경기가 혼란스러워 새 에어컨 값을 치룰 수 있을지 모르겠다. 예약을 했어도 위험을 자초하지 마라.

위기의 물결이 빠져나간 후에 다시 생각하고 시도하라.

6. 소유한 것을 소중히 여겨라

나는 이 제안을 가장 좋아한다. 이는 자원력을 자극하고 '감사의 태도'를 길러준다.

당신의 소유가 적든 많든 상관없이 새롭게 점검해보라. 그것은 소중하다. 크든 작든 하나하나에 하나님께 감사하라. 특별한 것들을 찾아보라-집 열쇠를 넣어두는 작은 단지, 단지를 놓아두는 현관 옆 나무 탁자, 집 열쇠 그 자체.

당신을 위한 하나님의 공급하심에 감사하라. 당신에게 일어난 모든 일을 감사하라. 당연하게 여겼던 선물들과 자원들에 그저 감사하라. 당신의 영혼에 유익이 된다. 이 간단한 감사의 연습으로 "나는 더 많은 걸 원해! 더 많이, 더 많이, 더 많이 줘!"라고 말하는 불만족의 고질병에서 벗어날 수 있다.

그리고 당신이 현재 감사하는 것들을 더 잘 사용하는 법을 생각해보라. 혼자 살기에 큰 집을 가지고 있는가? 방이 많아 세를 놓을 수 있는가? 몇몇의 가구를 힘들게 사는 이웃의 편모에게 줄 수 있는가? 집에 사무 공간을 만들 수 있는가? 이런 식으로 한다면 남는 방들은 없을 것이다. 당신은 혼자 살고 잠자는 데 침실이 4개나 있을 필요는 없다.

소유를 잘 활용하는 방법은 우수한 관리이다. 먼지가 쌓인 채 놓여있는 무언가에 가치를 더하는 것이다.

집 밖에는 무엇이 있는가? 한 번에 1대 밖에 못 쓰는 데 자동차를 2대나 가지고 있는가? 왜 2대를 유지하느라 시간과 돈을 낭비하는가? 둘 중 하나를 팔 좋은 기회일 수 있다. 그 자산을 유동자산으로 만들어서 은행에 저축하라. 당신의 조카에게 그냥 주거나 조카에게 적당한 가격으로 팔아서 학교에 갈 때 뚜벅이 신세를 면하게 해줄 수도 있다.

얼마 전에 구입한 큰 트럭은 어떤가? 그 트럭을 특별한 것으로 바꿀 수 있는가? 당신에게 주말사업이 될 수 있다. 트럭이 없는 사람들을 위해 물건을 옮겨줄 수 있다. 내 말 뜻을 이해하겠는가?

소유한 모든 것을 소중히 여겨라. 특히 경제적 위기 가운데서는 당신의 소유물이 얼마나 유용한 것으로 드러나는지 겪어보지 않고는 모를 것이다.

7. 저축하고 절약하고 자원을 보호하라

나는 '저축'을 부정적인 것으로 생각하는 사람들을 자주 만나게 된다. 그들은 당최 저축을 할 수 없다고 말한다. 그러나 잠시 대화를 나눈 후에는 소비습관을 바꾸고 자산을 보호하면 저축이 가능하다는 것을 깨닫기 시작한다. 때때로 나는 그들에게 지혜를 제공해줄 금융자문가를 보내주곤 한다. 그들은 체계가 필요하다. 계획이 필요하다. 자신의 돈으로 무엇을 해야 할 건지 충동적이지 않고 단호해질 필요가 있다.

저축, 절약, 보호는 유사한 단어이다. 내가 당신에게 '저축하다', '절약하다', '보호하다'를 나타내는 3가지 그림을 그려보라고 하면 아마 모두 비슷하게 그릴 것이다. 나는 물건을 쌓아 올린 큰 더미를 그린 후에 그 주위에 울타리를 두르겠다. 만일 이 세 단어가 무엇을 의미하는지 동작으로 표현하라고 한다면 마치 어미 닭이 날개 안에 병아리를 품듯이 무언가를 감싸 모으는 동작을 취할 것이다.

바하마 사람들은 시간 아끼기, 절약, 그리고 보호하는데 있어 악명이 높다. 미국인도 마찬가지이다. 미국 상무부에는 경제분석국(Bureau of Economic Analysis)이라는 하위기관이 있다. BEA는 미국 시민들이 은행에 저축하는 비율을 분기별로 보고한다. 2005년부터 2008년 상반기까지 저축률은 거의 모든 분기에서 1퍼센트 미만이었다. 2005년의 한 분기는 제로선 이하로 떨어졌는데 이는 대공황 동안인 1930년대 이후 처음 있는 일이다.

저축률은 2008년에 경제 위기가 심화되면서 약간 올라갔지만 여전히 아주 낮은 선에 머물러 있다. 지금도 사람들은 월급이 들어오는 대로 쓰고 신용카드에 의존하고 해고당하지 않기를 바라고 있다. 실업률이 치솟으면서 점점 더 많은 사람들이 "만일을 대비해서 저축해놓을 걸" 하고 후회하고 있다.

자신이 이미 가지고 있는 것을 살피는 새로운 습관이 필요하다. 단순히 돈에 대해서만 말하는 게 아니다. 우리의 소유는 또한 자원이다. 지금까지 말했듯이 당신이 이미 소유한 것들을 사용하는 법을 배우는 게 중요하다. 그것을 버리고 새것을 사지 마라. 초기 정착민들은 모든 것을 끝까지 사용하고, 고치고 또 고쳐 더 이상 사용하지 못하게 될 때까지 다시 사용하는 올바른 사고를 가지고 있었다.

당신에게 돈이 떨어졌다면 동냥이나 뜻밖의 횡재가 필요한 게 아니다. 관리가 필요하다. 하나님의 지혜로 자원을 관리하는 법을 배워야 한다. 하나님이 당신에게 주신 것을 저축하고 절약하고 보호해야 한다.

먼저 그의 나라를 구하라

자원을 저축하고 절약하고 보호하면서 돈이나 물건을 몰래 축적하거나 사재기할 필요 없다. 당신은 천국 백성이며 하나님은 당신이 그분을 신뢰하길 원하신다. 하나님이 당신에게 관리하라고 주신 자원들에 대한 우수한 관리자가 되는 것을 걱정할 필요가 없는 만큼 저축에 대해서도 염려할 필요가 없다. 하나님이 당신을 도우실 것이다.

우리 중 많은 이들은 성공에 대한 잘못된 가치관을 가지고 있다. 우선 그것이 초과를 의미한다고 생각한다. 우리는 성공의 위험을 경고하는 말씀을 간과한다. (우리는 부자도 더 많은 것을 원하고, 자신이 원하는 만큼의 부를 가지고 있다고 느끼지 못하기 때문에 우리에게 적용될 수 없다고 생각한다). 성경은 엄청난 부의 짐을 진

사람은 그것을 보호하는데 시간과 에너지를 다 소비해야 한다고 말씀한다. 도대체 무엇을 위해서? 그것을 쌓아두는 한 그 누구도 이롭게 하지 못한다. 지나치게 많은 돈은 두통거리가 되고 지치게 만든다. 창문에 판자를 대고, 문에는 걸쇠를 달고, 매일 밤 누가 당신의 돈을 훔쳐가지 않을까 걱정해야 한다.

누가복음 12장의 부자 농부 이야기와 야고보서 5장의 경고를 기억하라.

들으라 부한 자들아 너희에게 임할 고생으로 말미암아 울고 통곡하라 너희 재물은 썩었고 너희 옷은 좀먹었으며 너희 금과 은은 녹이 슬었으니 이 녹이 너희에게 증거가 되며 불 같이 너희 살을 먹으리라 너희가 말세에 재물을 쌓았도다… 너희가 땅에서 사치하고 방종하여 살륙의 날에 너희 마음을 살찌게 하였도다(약 5:1-3, 5).

자신의 부를 누리지 못하고 죽은 부자 이야기와 공중의 새와 들판의 백합화에 대한 이야기를 하신 후, 예수님은 이렇게 말씀하신다.

너희는 무엇을 먹을까 무엇을 마실까 하여 구하지 말며 근심하지도 말라 이 모든 것은 세상 백성들이 구하는 것이라 너희 아버지께서는 이런 것이 너희에게 있어야 할 것을 아시느니라 다만 너희는 그의 나라를 구하라 그리하면 이런 것들을 너희에게 더하시리라 적은 무리여 무서워 말라 너희 아버지께서 그 나라를 너희에게 주시기를 기뻐하시느니라 너희 소유를 팔아 구제하여

낡아지지 아니하는 배낭을 만들라 곧 하늘에 둔 바 다함이 없는 보물이니 거기는 도둑도 가까이 하는 일이 없고 좀도 먹는 일이 없느니라 너희 보물 있는 곳에는 너희 마음도 있으리라(눅 12:29-34).

결국 이 모든 것은 하나님 나라에 관한 것이다. 하나님은 당신이 가난하든 부하든, 전쟁의 피해를 겪든 온전히 평화의 때를 누리든, 당신의 영이 자족하기를 원하신다(빌 4:11 참조). 모든 위기를 극복하는 데 실제적인 도움을 주시기를 원하신다. 하지만 무엇보다도 당신이 하나님 나라의 믿음직하고 평안한 백성으로서 살길 원하신다. 당신이 하루에 16시간을 일하고 한 동이의 땀을 흘려도 영은 평안할 수 있다. 이것이 최고의 인생살이다.

믿음으로 살기

우리는 늘 위기에 처한 소비 중심의 문화 속에 살고 있다. 우리 사회는 수없이 많은 물건에 둘러싸여 있다. 사람들은 지치고, 기력이 쇠퇴하고, 마음이 산란하고, 우울하고, 불안하고, 성급하다. 그들은 스트레스가 야기한 질병을 앓고 서로를 탐탁지 않게 대한다.

하나님의 나라는 조금도 그렇지 않다. 우리가 필요로 하는 자원은 하나님의 계획과 의도에 따라 삶의 자연스러운 과정으로 얻게 되어 있다. 우리는 하나님 나라의 유익 때문에 구하는 게 아니다. 그 나라를 구할 때 유익이 되는 것이다. 우리에게 필요한 공급하심과 자원이 신앙의 목적이 되서는 안 된다. 그것은 신앙의 부산물이다.

하나님 나라 백성에게는 믿음이 있다. 믿음은 매일 연습할 때 자라난다. 참된 천국 백성들은 자신의 믿음을 도구나 책략으로 사용하지 않는다. 믿음을 발휘한다는 건 단어와 동작을 요리조리 잘 조합하면 이기기도 하는 슬롯머신을 가지고 노는 게 아니다. 오히려 그것은 보이지 않는 그분과의 관계이다. 우리의 왕은 백성들과 자유로이 소통하신다. 하나님은 그분의 율법과 법칙을 나타내어 눈과 들을 귀가 있는 자는 누구나 다가올 수 있게 하셨다.

예수님은 하나님 나라를 전하기 위해 오셨다. 예수님이 이렇게 말씀하신 건 듣는 이들을 혼란스럽게 하시려는 게 아니다.

"너희는 먼저 그의 나라와 그의 의를 구하라 그리하면 이 모든 것을 너희에게 더하시리라" (마 6:33).

하나님 나라의 가족이 구할 진정한 가치는 무엇인가? 오직 두 가지뿐이다. 하나님 나라와 하나님의 의(義).

하나님 나라 백성은 일을 위해 살지 않는다. 하나님 나라 백성은 배우자를 위해 살지 않는다. 하나님 나라 백성은 축복을 모으기 위해 살지 않는다. 하나님의 사랑을 이 땅에 드러내기 위해 산다. 하나님 나라의 백성도 자기보호라는 옛 습관으로 돌아갈 순 있지만 곧 하나님께서 모든 필요를 공급하신다는 것을 기억한다.

왕은 아버지이자 구원자이시다. 모든 것이 가능한 전능(全能)하신 분이다. 모든 것을 아시는 전지(全知)하신 분이다. 동시에 모든 곳에 계시는 편재(遍在)하신 분이다.

그러므로 우리는 계속되는 위기 상황 속에 있는 로마의 그리스도인들에게 편지를 쓴 바울과 더불어 말할 수 있다.

누가 우리를 그리스도의 사랑에서 끊으리요 환난이나 곤고나 박해나 기근이나 적신이나 위험이나 칼이랴[즉, 세상의 모든 위기] 기록된 바 우리가 종일 주를 위하여 죽임을 당하게 되며 도살 당할 양 같이 여김을 받았나이다 함과 같으니라 그러나 이 모든 일에 우리를 사랑하시는 이로 말미암아 우리가 넉넉히 이기느니라[우리는 승리자이다] 내가 확신하노니 사망이나 생명이나 천사들이나 권세자들이나 현재 일이나 장래 일이나 능력이나 높음이나 깊음이나 다른 어떤 피조물이라도 우리를 우리 주 그리스도 예수 안에 있는 [꺾이지 않는, 항상 존재하는] 하나님의 사랑에서 끊을 수 없으리라(롬 8:35-39).

내가 덧붙인 주해에 주목하라. 이 구절은 하나님 나라 백성들에게 중요한 말씀이다. 바로 이 책의 메시지이다. 하나님에게 큰 위기란 있을 수 없다. 하나님은 그분의 백성이라면 어떤 것도 정복하고 승리할 수 있음을 보이실 것이다. 왜냐하면 하나님의 사랑은 어떠한 위기에도 그 빛을 잃지 않기 때문이다.

위기의 시절 극복하기

5장
위기의 시절 극복하기

위기와 막다른 골목이 생겨날 때 적어도 한 가지 이점이 있다.
생각하지 않고는 못 배기게 한다는 것이다.

-자와할랄 네헤루

    모든 것은 한철이다. 당신이 어디에 살든 계절은 왔다가 간다-봄, 여름, 가을, 그리고 겨울. 세계 어디서든 이 계절은 달라 보이지만 각 계절에는 언제나 긍정적 측면과 부정적 측면이 있다. 온도는 높을 수도 낮을 수도 있다. 날씨는 흐리고 비 오거나 청명하고 건조하다. 넓은 의미에서 이는 계절적 차이다.
    사람들은 언제나 다음 계절을 고대하며 그 계절이 왔을 때 반가워한다. 농부나 어부처럼 야외에서 일하는 사람들이 계절의 변화에 가장 민감하지만 우리도 역시 그러하다.
    인간의 성장 과정 역시 계절적인 것으로 간주할 수 있다. 넓은 의미에서 출생과 유아기는 봄철의 파종 및 새로운 생장과 같다. 청년의 시기는 길고 비옥한 여름과 같다. 중년은 모든 것이 익어 추수하고 성장이 둔화되기 시작하는 가을과 비교된다. 노년은 겨울과 흡사하지만 겨울에도 아름다움과 어렵게 얻은 지혜가 있다-새로운 삶에 대한 참 소망.

개인의 삶의 계절에도 희로애락이 있다. 아주 활발한 계절은 휴식의 계절로 넘어간다. 평온한 계절은 불행의 계절과 엇갈린다. 고요한 계절은 위기의 계절로 부서진다. 때로 상당히 빨리 지나가지만 고통스러우리만치 느리게 일어날 때도 있다.

각자의 삶에는 조수만큼이나 분명한 성쇠(盛衰)가 있다. 한 개인의 삶에 문제가 거의 없든지 아니면 연이은 문제로 겨우 살아남든지 말이다. 우리의 삶은 들어오고 나가는 것을 반복한다. 어떤 누구도 위기에서 제외될 수 없듯이 모진 고난을 영원히 겪는 사람도 아무도 없다.

언제나 굴곡

대부분의 사람들은 변화를 좋아하지 않는다. 그러나 그런 사람들도 계절의 변화에 많은 유익이 있음을 안다. 식물의 생장기 사이에 땅도 휴식이 필요하다. 영양분을 모아서 다음 생장기를 준비해야 하기 때문이다. 풍요로운 시기가 지나면 부족한 시기가 오고 또다시 풍요로운 시기가 올 것이다. 각 계절에 동반되는 각양각색의 아름다움에 만족해한다.

하나님은 1년의 계절을 만드신 분이시다. 기후의 변화를 창조하신 분이시다. 열대지방을 만드셨고 남극대륙을 만드셨다. 대양과 산맥도 만드셨다. 하나님은 계절 변화의 선조이시다.

전도서에서 익숙한 구절을 만난다. 때라는 단어를 계절로 바꿔서 읽을 수도 있다.

범사에 기한이 있고 천하 만사가 다 때가 있나니 날 때가 있고 죽을 때가 있으며 심을 때가 있고 심은 것을 뽑을 때가 있으며 죽일 때가 있고 치료할 때가 있으며 헐 때가 있고 세울 때가 있으며 울 때가 있고 웃을 때가 있으며 슬퍼할 때가 있고 춤출 때가 있으며 돌을 던져 버릴 때가 있고 돌을 거둘 때가 있으며 안을 때가 있고 안는 일을 멀리 할 때가 있으며 찾을 때가 있고 잃을 때가 있으며 지킬 때가 있고 버릴 때가 있으며 찢을 때가 있고 꿰맬 때가 있으며 잠잠할 때가 있고 말할 때가 있으며 사랑할 때가 있고 미워할 때가 있으며 전쟁할 때가 있고 평화할 때가 있느니라(전 3:1-8).

이 가운데 위기의 때가 얼마나 되는지 확인했는가? 죽을 때, 뽑을 때, 죽일 때, 헐 때, 돌을 던질 때, 울 때, 슬퍼할 때, 찾을 때, 잃을 때, 버릴 때, 찢을 때, 미워할 때, 전쟁할 때….

그러나 모든 위기의 때는 기쁨의 때와 균형을 이룬다. 날 때, 심을 때, 치료할 때, 세울 때, 웃을 때, 춤출 때, 거둘 때, 안을 때, 지킬 때, 꿰맬 때, 잠잠할 때, 사랑할 때, 평화할 때….

그렇다. 모든 것엔 때가 있다. 모든 것은 변한다. 지금 당신이 힘들고 어려운 시기를 지나가고 있더라도 머지않아 새로운 때가 올 것이다.

아무 것도 영원하진 않다, 하나님을 제외하고

영원한 것은 없다. 계절의 주기는 예측 가능하지만 계속 변하고 있다.

하나님과 그분의 약속을 제외하고는 아무 것도 영원하지 않다. 나무에서 잎은 떨어지고 기후는 변하지만 하나님은 절대 변하지 않으시다. 그분은 어제나 오늘이나 영원토록 동일하시다(히 13:8).

변하지 않으시는 하나님은 이 땅과 우리 삶의 변화무쌍한 계절을 만드신 분이시다. 그리고 자신이 무엇을 하고 있는지 알고 계신다. 우선 하나님은 백성들이 자신의 삶을 걱정할 필요가 없다는 것을 깨닫길 원하신다. 어떤 일이든 그것은 영원하지 않다. 하나님은 모든 변화를 주관하신다. 그러므로 어떤 일이 일어나느냐는 별로 중요하지 않다. 영원히 지속되지 않기 때문이다. 모든 위기에는 끝이 있다.

당신에게 일어나고 있는 일이 좋아 보이든 나빠 보이든 그건 별로 중요하지 않다. 그것은 결국엔 변할 것이고 당신의 하나님께서 그 변화를 지휘하시기 때문이다. 때는 향상을 보장하는 하나님의 방법이다. 힘든 때도 곧 변하리라는 소망을 가져다주는 하나님의 믿을만한 방법 중 하나라는 뜻이다. 당신은 겨울이 아무리 추워도 여름이 온다는 것을 알고 있다. 마찬가지로 겨울이 와도 수영복을 버리지 않는다. 여름이 또다시 찾아올 것을 알기 때문이다. 수영복이 다시 필요할 것을 알기 때문이다. 수영하려고 물에 뛰어 들 때 겨울 내내 입고 있었던 긴팔 스웨터가 필요하지 않다.

마찬가지로 '겨울 같은' 경제적 계절이 닥칠 때 쓸모없어 보이는 은행구좌를 버리지 말라. 구좌가 유지되도록 돈을 남겨두어라. 왜? 당신이 거기에 더 많은 돈을 예치할 수 있을 때가 오고 있기 때문이다. 모든 것은 한철이다. 풍요의 때와 빈곤의 때도 마찬가지다. 겨울은 계속되지 않는다. 여름이 계속되지 않은 것처럼 말이다.

고용과 실업도 모두 때가 있다. 당신이 실직을 당했다면 고용의 때가 기다리고 있다. 지금이 직장을 떠나야할 때라면 더 나은 일이 당신 앞에 놓여있다. 당신은 다음 시기를 맞이하려면 지금의 시기를 마무리해야 한다. 당신은 이전보다 더 크고 더 나은 시기를 대비하게 될 것이다.

만물에는 때가 있다. 위기의 시기 또한 일시적이다. 좋지 아니한가.

인생의 열쇠는 때를 이겨내는 것이다

위기의 순간이 변하길 기다리는 것은 대단히 도전적인 일이다. 끈기와 인내 그 이상이 필요하다. 참 소망이 필요하다. 터널 끝에 빛을 볼 것을 알면, 당신을 도우시는 하나님과 함께 동행하면 가장 어두운 때도 이겨낼 수 있다.

당신의 삶은 믿음의 걸음이다. 사도 요한은 말한다.

"하나님께로부터 난 자마다 세상을 이기느니라 세상을 이기는 승리는 이 것이니 우리의 믿음이니라"(요일 5:4).

당신의 믿음은 힘든 시간들을 헤쳐 나가게 해준다. 믿음이 결정을 분별하고 결단을 촉구한다.

사도 요한은 믿음이 '세상'(world)을 이긴다고 할 때 그리스어 'cosmos'라는 단어를 사용했다. 이는 통치체제, 영향력 있는 체계, 개인적 권력과 지배의 패턴을 의미한다. 다시 말해 당신은 체제-세상의 경제와 문화-를 극복할 수 있다. 한동안 시련을 겪어야하지만 결국에는 무너진 체제를 극복할 수 있다.

그렇다. 그 체제는 무너진다. 은행이 파산하고, 보험회사가 문을 닫고, 유가는 흔들리고, 사업 규모는 줄어들고, 경제는 도산의 위기에 있다. 하지만 당신은 이 모든 것이 지나가고 하나님께서 다음 단계를 보여주실 것을 확신하라. 이전에 낙담의 때를 이겨냈듯이 지금도 낙담의 때를 이겨낼 수 있다.

우리는 툭하면 공포에 빠지는 경향이 있다. 우리의 손이 하나님을 향하지 못하고 절망 가운데 빠져 두 손 들고 항복해버린다. 우리는 "가만히 서서 여호와께서 오늘 너희를 위하여 행하시는 구원을"(출 14:13) 볼 필요가 있다. 위기의 시기가 주는 위협과 위험을 이겨낼 필요가 있다. 주님께서 우리를 안전의 때로 인도하실 것이다. 당신이 굳건히 서 있지 못하면 주님의 구원을 볼 수 없다. 다른 길로 도망가지 마라. 하나님께서 당신을 합당한 곳에 두셨기 때문이다. 여기가 바로 곤경에서 구원을 보고, 또 구원을 받을 곳이다. 이스라엘 백성들이 홍해가 갈라지는 것을 보고 추적해오는 애굽 군대의 창과 전차로부터 구원 받았듯이 말이다.

때는 미래를 위한 계획에 의욕을 심어준다

우리는 위기의 때에 다가오는 미래를 계획하면서 믿음을 발휘하는 것이 좋다. 하나님이 우리를 구하실 때-폭풍으로부터가 아니라 폭풍을 통해서-미래로 전진해나갈 의욕을 얻는다. 이 순간이 영원하지 않음을 알기에 다가올 때를 준비할 수 있다.

알다시피 연휴 때 필요한 물건들을 구입하는 데 가장 좋은 때는 1년 전이다. 연휴가 끝난 직후 할인에 돌입하기 때문이다. 마찬가지로 겨울옷을 사기에 가장 좋은 때는 아무도 그것을 원하지 않는 더운 여름철일 수 있다.

그러므로 가뭄일 때는 급수가 충분한 시기에 미리 물탱크를 깨끗이 청소해 두어라. 번영할 때 다가올 결핍의 시기를 위해 저축해 두어라. 때는 언제나 변화한다.

당신의 소망을 하나님께 두라. 사람들이 왜 하나님을 만세반석이라고 하는지 알 것이다. 하나님은 만세를 지나시는 분이시기 때문이다. 깨어짐의 시기는 그분을 지나간다. 풍요의 시기도 지나간다. 순종의 시기도 지나간다. 혼란의 시기도 지나간다. 어떠한 종류의 위기든 그 시기와 때는 지나가지만 반석은 견고하다. 하나님과 그리고 그분의 보호하심으로 당신과 나는 든든하다. 당신의 발을 반석위에 두고 빛나는 미래의 수평선을 바라보라.

일시적인 문제에 절대 영원히 반응하지 말라

두 손 두 발 다 들고 이렇게 말하지 말라. "됐어! 끝났어. 난 절대 할 수 없을 거야." 그건 일시적인 경험에서 영원한 상태를 만들려고 애쓰는 꼴이다. 현재의 위기가 절대 끝나지 않을 거라고 생각하게 되는 이유는 무엇인가? 그것은 분명히 끝날 것이다. 일시적이다.

폭풍이 친다고 해서 배를 포기하지 말라. 여름이 왔다고 해서 겨울옷을 버리지 말라. 이들은 일시적 문제에 대한 영구적인 해결책이다. 분명 이 시기는 지나갈 것이다. 당신의 울음이 웃음으로 변할 것이다.

생각의 근거를 현재 상황에 두지 말라. 어떤 사람들은 자신이 파산했기 때문에, 무언가 잘못했기 때문에 하나님이 자신에게 화가 났다고 생각한다. 이는 틀린 소리다. 그것은 단지 한

때, '깨짐의 때'이다. 하나님은 당신의 믿음을 시험하시기 위해 이때를 허락하셨다. 당신은 믿음으로 현재를 벗어나 '다음 때'로 옮겨갈 것이다. 당신이 그동안 물질을 맹신하며 살지 않고 물질보다 영원하신 하나님을 믿었다면 이 시기 역시 지나갈 것이다.

노아와 우리 모두에게 주시는 하나님의 약속이 있다.

땅이 있을 동안에는 심음과 거둠과 추위와 더위와 여름과 겨울과 낮과 밤이 쉬지 아니하리라(창 8:22).

더 이상 무슨 말이 필요하랴.

하나님 나라의 백성들은 계절의 사람이다. 그들은 하늘이 어두워질 때 걱정하지 않는다. 결국에는 좋아질 것을 알고 있다. 무엇을 신뢰해야 하는지 알고 있다. 계절을 만드신 한 분을 신뢰하는 연습을 하자.

하나님 나라의 경제-계절적 관점

내가 말하고 싶은 것은 하나님 나라의 경제는 계절적이라는 점이다. 위기의 시기도 있고 잠잠할 때도 있다. 당신은 왕에 대한 믿음을 계속 키워가야 한다. 그분은 반석이다. 큰 표석(漂石)

처럼 확고하시다. 그분이 우리의 아버지 되시기에 우리를 돌봐주신다.

하나님 나라의 경제에서 하나님 백성은 염려하지 않는다. 예수님은 사람들이 염려하는 성향이 있음을 아신다. 하나님 나라의 경제에서 왜 염려가 불필요한지 예수님이 특별히 시간을 들여 말씀하신 이유가 있다.

> 그러므로 내가 너희에게 이르노니 목숨을 위하여 무엇을 먹을까 무엇을 마실까 몸을 위하여 무엇을 입을까 염려하지 말라 목숨이 음식보다 중하지 아니하며 몸이 의복보다 중하지 아니하냐 공중의 새를 보라 심지도 않고 거두지도 않고 창고에 모아들이지도 아니하되 너희 하늘 아버지께서 기르시나니 너희는 이것들보다 귀하지 아니하냐 너희 중에 누가 염려함으로 그 키를 한 자라도 더할 수 있겠느냐 또는 목숨을 또 너희가 어찌 의복을 위하여 염려하느냐 들의 백합화가 어떻게 자라는가 생각하여 보라 수고도 아니하고 길쌈도 아니하느니라 그러나 내가 너희에게 말하노니 솔로몬의 모든 영광으로도 입은 것이 이 꽃 하나만 같지 못하였느니라 오늘 있다가 내일 아궁이에 던져지는 들풀도 하나님이 이렇게 입히시거든 하물며 너희일까보냐 믿음이 작은 자들아 그러므로 염려하여 이르기를 무엇을 먹을까 무엇을 마실까 무엇을 입을까 하지 말라 이는 다 이방인들이 구하는 것이라 너희 하늘 아버지께서 이 모든 것이 너희에게 있어야 할 줄을 아시느니라 그런즉 너희는 먼저 그의 나라와 그의 의를 구하라 그리하면 이 모든 것을 너희에게 더하시리라 그러므로 내일 일을 위하여 염려하지 말라 내일 일은 내일이 염려할 것이요 한 날의 괴로움은 그 날로 족하니라(마 6:25-34).

이방인들과 같이 되고 싶은 사람은 아무도 없을 것이다. 그렇지 않은가? 위의 구절들은 이런 뜻이다. "이방인들은 인생의 사소한 일들을 염려하지만 너희의 하늘 아버지께서 너희에게 그것들이 필요함을 알고 계신다." 이방인은 불안에 떨고 걱정하고 낙담한다. 공포에 질린다. 밤잠을 이룰 수 없다. 그들에게 신뢰할 만한 사람이란 없다.

그러나 당신에겐 있다. 당신의 신뢰는 하나님 한 분에게 있다. 그러므로 폭풍이 언제 치느냐는 문제되지 않는다. 당신은 두 가지 중요한 사실을 알고 있다. 하나님이 주관하시며 당신을 돌볼 것이라는 것이다. 하나님은 언제나 그렇게 하셨고 또 그렇게 하실 것이다. 위기가 당신에게 낯설지만 그분에게는 새로운 게 아니다. 그분은 태초부터 끝을 알고 계신다. 그는 이 슬픔의 시간을 기쁨의 시간으로 변화시켜 주실 것이다. 그분은 이렇게 역사하신다.

믿음과 행함

하나님 나라의 경제에서 믿음과 행함은 함께 간다. 하나님 나라의 백성으로 당신의 믿음은 적극적이다. 당신은 이방인이었을 때 가졌던 불신을 활동으로 대체한다.

어떤 사람들은 '믿음'을 수동적인 것으로 오해한다. 적게 행할수록 좋다고 생각한다. 이는 사도 야고보가 생각했던 바가 아닙니다. 그는 사람들이 근면함으로 자신의 믿음을 뒷받침하도록 격려했다. 그는 믿음과 행함이 연합되길 원했다.

> 내 형제들아 만일 사람이 믿음이 있노라 하고 행함이 없으면 무슨 유익이 있으리요 그 믿음이 능히 자기를 구원하겠느냐 만일 형제나 자매가 헐벗고 일용할 양식이 없는데 너희 중에 누구든지 그에게 이르되 평안히 가라, 덥게 하라, 배부르게 하라 하며 그 몸에 쓸 것을 주지 아니하면 무슨 유익이 있으리요 이와 같이 행함이 없는 믿음은 그 자체가 죽은 것이라(약 2:14-17).

야고보는 행함이 없이 믿는 사람들을 좋지 않게 보았다. "귀신들도"(약 2:19) 믿기 때문이다. 그는 사람들의 보이지 않는 믿음이 보이는 행동으로 이어지기를 기대했다. "영혼 없는 몸이 죽은 것 같이 행함이 없는 믿음은 죽은 것이니라"(약 2:26). 당신은 믿음만으로 위기를 극복할 수 없다.

하나님께서 이 위기를 극복하게 해주실 것을 믿으면, 기다리는 동안 일을 시작하라. 하나님은 당신이 해야 할 일을 가지고 계시다.

일과 연합

하나님 나라에서 사람들은 위기의 시기에 연합을 발견한다.

연합은 일에 따라오는 것이다. 사람들은 함께 일할 때 연합을 발견하기 때문이다. 어느 정도의 연합과 공동체 의식이 없다면 이웃을 도울 수 없다.

위기의 시기에는 언제나 해야 할 특별한 일이 있다. 당신이 함께 하고 싶거나 하고 싶은 사람을 선택할 시간이 없다.

당신과 내가 같은 아파트에 살고 있다고 가정해보자. 나는 위층에 살고 당신은 아래층에 살지만 서로 말해본 적이 없다. 사실 서로를 그다지 좋아하지 않는다. 그저 서로를 묵인하고 서로에 대한 태도도 별로 좋지 않다. 어느 날 밤 별안간 화재가 발생했다. 아파트는 불길에 휩싸였고 무너져 내리고 있다. 나는 양동이를 집어 들었고 당신도 양동이를 들었다. 우리는 함께 일하기 시작한다. "당신이 물을 가져와요. 내가 양동이를 들 테니……." 우리에게 닥친 위기는 적을 친구로 만든다. 배가 가라앉을 때 모든 사람들이 물을 퍼내기 시작한다. 금융 시스템이 무너져 내릴 때 서로를 도와준다.

위기는 공동체 의식을 일으킨다. 왜냐하면 곤경에 처하면 함께 어울려야만 하기 때문이다. 이것이 나쁜 상황에 존재하는 이점 중 하나이다.

연합과 공감

위기 속에서 하나님 나라는 공감을 불러일으킨다. 때론 너무 오랫동안 별 위기 없이 살아 더 이상 타인의 상처를 느끼지 못한다. 타인에게 무정해진 것이다.

하나님은 물질이 얼마나 일시적인지 알게 하시려고 당신의 기반을 잃게 하신다. 타인의 도움이 필요한 상황에 처하게 되면 그들에게 고마움을 느끼기 시작할 것이다. 개인적 위기가 인간애를 회복시켜준다. 다시 공감을 하게 된다. 사랑하게 된다. 기꺼이 사람들을 돕게 된다. 한동안 잃어버렸던 연대감을 누린다. 다시 사람을 좋아하기 시작할 수 있다.

위기가 닥치면 당신은 인생의 기본적인 조건들을 다루어야 한다. 아마 당신은 그간 '인생의 더 근사한 것들'을 추구하느라 시간을 보냈는지도 모른다. 기본적인 조건들-음식, 집 등-은 저절로 생긴 줄 알았다. 가족을 부양할 수 없을 것처럼 무능력하게 보이는 사람들에게는 일말의 인내심도 동정심도 없었다.

어떤 위기, 특히 경제적 위기는 일상생활의 우선순위를 다시 세우게 된다. 새 아이팟을 사지 않는다. 식품을 사는데 돈을 소비한다. 이제 그다지 바쁘지 않아 교회에 갈 시간도 있다. 위기가 영성을 회복시킨다. 사람들이 다시 눈에 보이기 시작한다. 중요한 것들을 돌아보게 된다.

이웃과 이야기할 시간이 생긴다. "어떻게 지내세요?" 습관적인 인사치레가 아니라 진심이 담긴 인사를 하게 된다. 이제 이웃이 어떻게 살아가는지 관심을 가진다. 이웃이 당신을 돌보아 주며 당신 또한 이웃을 돌보게 된다.

새로운 관점

위기의 계절에 인생의 우선순위를 다시 세우는 방법은 간단하다. 위기는 중요한 것을 다시 깨닫게 만든다.

성공은 그 근원을 잊게 만들 수 있다는 점에서 위험하다. 하나님이 성공의 근원이시며, 때로 뒤로 물러나 다시 하나님의 손을 찾으며 돌아오게 하신다. 하나님은 밤의 시간을 경험하게 하셔서 다시 낮의 시간을 감사할 수 있게 하실 것이다.

성공의 시기는 영원히 지속될 수 없다. 하나님이 항상 성공 가운데 살게 내버려두신다면 우리는 하나님 나라의 주요 관심사들을 까맣게 잊어버릴 것이다. 하나님은 당신이 은행에 얼마나 많은 돈을 넣어두었냐 보다는 무엇을 하고 있는가에 더 관심을 가지신다. 하나님은 당신 이름 앞에 붙은 직함이 아니라 당신의 마음을 살피신다. 그러므로 하나님은 '성공의 때'를 '실패의 때'로 변화시키신다. 열렸던 문들이 닫힌다. 건강했던 몸이 병이 든다.

그것은 당신을 뒤흔들지만 중요한 것이 무엇인지를 알려줄 것이다. 다시 방향을 잡아야한다면 방향성을 조정해줄 것이다. 위기는 감춰진 잠재력을 깨운다. 위기는 진짜 믿음과 신념을 드러낸다. 흔들릴 수 있는 것과 그렇지 않은 것을 보여줄 것이다. 반석 위에 놓인 것은 흔들리지 않을 것이다. 오직 더 굳세고 더 나아질 것이다.

당신은 그것을 끔찍한 경험이라 부를지 모르나 하나님은 그분의 스크린에 새긴 작은 메모일 뿐이라고 말씀하신다. 하나님에게 그것은 단순한 사건일 뿐이다. 세상의 어떤 위기도 천국에서는 그저 한 사건에 지나지 않는다는 것을 알고 있지 않은가? 이는 관점의 문제이다.

당신이 위기로 보는 것을 하나님은 성장의 기회로 보신다. 당신이 굴욕이라고 생각하는 것을 하나님은 겸손한 지도력을 계발하는 기회로 보신다. 이 모두는 당신이 어떻게 보느냐에 대한 것이다. 당신의 관점은 어떠한가?

당신의 관점은 구덩이 속에 빠져 허우적거리는 것을 막아줄 것이다. 바하마라는 나라는 섬들로 이루어져 있다. 그중 한 섬은 오랫동안 호그섬이라고 불렸다. 누군가가 그렇게 이름을 지었는데 그대로 지도상에 오른 것이다. 그 후 어떤 남자가 말했다. "그 이름이 맘에 들지 않아요. 좋은 이름이 아닙니다." 그러더니 남자는 '파라다이스' 섬으로 이름을 바꾸었다. 이제 호그섬의 지도상 이름은 '파라다이스' 섬이 되었다. 이름이 호그섬이었을 때는 농지였으나, 이제는 우리나라에서 땅값이 가장 높은 일대가 되었다.

나는 가난한 가정에서 자라면서 이 말씀을 읽을 때 화가 났었다.

"가난한 자와 부한 자가 함께 살거니와 그 모두를 지으신 이는 여호와시니라"(잠 22:2).

이 말씀은 하나님이 부자도 만들고 가난한 자도 만들었는데,

문제는 내가 가난한 사람들 중의 한 명이었다는 것이다. 나는 하나님께 화가 났다. 나를 부자들 중 한 명으로 만들어주지 않으셨기 때문이다.

나는 계속해서 읽었다. 그 다음 구절은 관점에 대해 말한다.

"슬기로운 자는 재앙을 보면 숨어 피하여도 어리석은 자는 나가다가 해를 받느니라"(잠 22:3).

다시 말해 사람은 자신의 시각으로 상황을 해석한다는 것이다. 가난하다고 느끼는 것은 당신이 인생을 보는 방식에서 나온 부산물이다. 부자라는 느낌도 마찬가지이다. 말씀은 이렇게 매듭을 짓는다.

"겸손과 여호와를 경외함의 보상은 재물과 영광과 생명이니라"(잠 22:4).

위기와 기회

당신의 현 상황을 하나님 나라의 관점에서 정확히 해석하는 것뿐만 아니라 기회로 보고 그 기회를 잡는 것이 중요하다. 나는 서던캘리포니아대학교(University of Southern California)에 함께 입학한 두 젊은 남자의 실화를 기억한다. 그들은 여름방학 동안 함께 여행을 떠나기로 했다. 돈을 모아 인도의 도시와 교외를 기차를 타고 구경하면서 여름을 지냈다.

그들은 수백만의 가난한 사람들을 보았다. 그렇게 심각한 상태의 빈곤은 처음 보는 일이었다. 그렇게 심한 오물도 난생 처음 보았다. 질색할 정도였다.

어느 날 호스텔에 휴식을 취하던 중 한 친구가 2층 창문을 통해 밖을 내다보았다. 그의 시야에는 가난으로 찌든 인도 사람들이 보였다. 그들은 맨발로 비참한 생활을 하고 있었다. 남자들은 셔츠도 입지 않았고 아이들은 발가벗고 다녔다. 파리가 들끓었고 벌레가 그들의 몸을 기어 다녔다.

그가 친구에게 말했다. "고쉬, 저 가난한 사람들을 한번 봐봐. 신발도 없고 옷도 없어."

친구가 창가로 다가왔다. "아, 그렇구나. 신발 사업을 하기에 아주 좋을 것 같은데." 그가 말한 건 그게 전부였다.

두 남자는 여행을 마치고 집으로 돌아와 복학했다. 그들은 같은 강의를 들었다. 둘 다 경영학을 전공하고 있었다. 고쉬는 강의실에 앉아있으면서도 인도의 풍경들이 머릿속에서 떠나질 않았다. 인도 사람들의 맨발이 생각났다. 그래서 강의실 뒤편에서 종이 위에다 스케치하기 시작했다.

마침내 그는 플라스틱으로 대량생산할 수 있는 신발 한 켤레를 디자인했다. 그는 사람들의 반대에도 불구하고 학교를 그만두기로 마음먹었다. 그는 인도 사람들을 위한 신발 아이디어에 사로잡혔기 때문이다. 그의 친구가 말했다. "너 미쳤구나. 학교를 졸업해야 직장도 얻고 먹고 살 거 아니야."

하지만 고쉬는 그 아이디어로 무엇을 할 수 있는지 마음의 눈으로 그리고 있었다. 고쉬는 누군가에게 견본을 만들어 달라고 부탁했고 한 켤레에 15센트로 신발을 만들 공장 건축 계획도 세웠다. 그는 창업비용을 형의 친구에게 부탁했다.

"이 신발을 팔 시장이 있긴 하니?"

"네, 시장이 있어요. 맨발로 다니는 수백만 명의 인도 사람이요. 정말 큰 시장이에요. 우리가 이 신발을 15센트로 만들면 그걸 운송해서 50센트에 팔고, 그렇게 신발 사업을 하는 거예요." 형 친구는 그것이 그럴싸하게 들렸다.

12개월 후, 그들은 삼백만 켤레 이상 되는 신발을 생산하여 인도의 대도시로 수출했다. 일 년도 채 지나지 않아 백만장자가 되었다. 고쉬는 학교로 다시 돌아가지 않았다. 다음해 그의 친구가 졸업을 했고 그는 친구를 자신의 회계원으로 고용했.

이 두 젊은 남자의 차이점은 창문 밖으로 그들이 본 것에 있었다. 둘 앞에는 동일한 장면이 펼쳐져 있었다—수많은 맨발의 사람들. 하지만 한 사람은 가난한 맨발의 남자, 여자와 아이들만을 보았고, 다른 한 사람은 그 외의 것을 보았다-사람들을 도울 방법과 자신을 더 발전시킬 방법. 한 명은 위기 상황을 보았고, 다른 이는 기회를 보았다. 이는 관점, 비전, 근면의 문제다.

한 명은 인간의 필요와 그것을 충족시켜줄 방법을 파악했다. 당신이 지금 경제적 위기 상태라면 인간의 필요를 채워줄 수 있는 곳이 어딘지 주위를 살펴보라. 인간의 필요는 결코 변하지 않는다. 상황이 어떠하든 사람들은 어떤 것을 필요로 하며 당신이 그 필요를 채워준다면 경제적 위기는 일시적인 것이 될 것이다. 세계 어디에서나 사람들은 물, 음식, 옷-그리고 안전-을 필요로 한다.

경제가 불황일 때 어떤 종류의 직업이 각광받는지 아는가? 바로 인간의 필요를 채워주는 직종이다. 의학과 농업 분야, 상담과 정서적 도움을 제공하는 분야, 그리고 장례사업. 사치품과 서비스에 의존하는 직업은 사라질 것이다. 그러나 불황이라도 사람들은 먹어야 한다. 그들은 5성급 레스토랑에 갈수는 없지만 패스트푸드는 먹을 수 있다.

내재한 씨앗

하나님은 당신에게 아이디어와 일할 능력을 주실 것이다. 당신의 세상이 흔들려 씨앗이 잘 섞이게 하실 것이다. 하나님은 당신의 생각과 마음에 씨앗을 넣으셨다. 하나님은 그것이 자라길 원하신다. 이는 새로운 것을 심는 시기일 수 있다. 당신의 씨는 당신의 목적이자 열정이다. 다음 장에서 좀더 자세히 이야기하고 여기서는 계절과 씨앗 사이의 연관성을 이해하면 된다.

위기와 혼란, 슬럼프를 경험할 때는 바로 풍요의 계절의 씨앗이 내재해 있다. 씨앗을 찾은 후에는 흙을 갈아 심어라. 우기가 되면 물을 줄 것이다. 근사한 식물로 자라날 것이다.

모든 씨앗 안에는 숲이 있다. 하나님의 목적은 당신 안에 있는데, 당신이 그 씨앗을 심으려면 하나님의 말씀에 대한 믿음과 위기의 순간이 잘 조합되면 된다. 당신은 세상이 원하는 천부적인 재능을 타고 태어났다. 막다른 골목에 몰려 낙심되어도 당신 안에 있는 기회의 길을 보길 원하신다.

지금 당신의 씨앗은 무엇인가? 사라지지 않을 어떤 생각이나 계속 생각해오던 것일 수 있다. (혹시 은행 강도에 대해서 생각하고 있었다면 부디 다른 걸 생각해보기 바란다).

당신은 씨앗, 즉 해야 할 일을 가지고 태어났다. 당신의 미래는 어딘가 놓여있는 게 아니다. 그것은 당신 안에 있다. 위기의 시간으로 그것이 베어 나오게 하라. 그것을 믿음으로 심고 일하라. 자아를 버려라. 타인과 연합하라. 변화의 계절을 기다려라.

시편 1편은 사람이 어떻게 성장할 수 있는지를 보여준다.

복 있는 사람은 악인들의 꾀를 따르지 아니하며 죄인들의 길에 서지 아니하며 오만한 자들의 자리에 앉지 아니하고 오직 여호와의 율법을 즐거워하여 그의 율법을 주야로 묵상하는도다 그는 시냇가에 심은 나무가 철을 따라 열매를 맺으며 그 잎사귀가 마르지 아니함 같으니 그가 하는 모든 일이 다 형통하리로다(시 1:1-3).

시냇가에 심겨진 나무라도 열매를 맺지 못하는 때가 있다. 당신은 의롭게 살고 열심히 일하지만 어떠한 결과도 얻지 못했을 수 있다. 잎사귀가 마르지 않았음에도 아무도 당신의 잎사귀를 먹지 못했을 수 있다. 당신은 이렇게 생각할 것이다-내 믿음은 굳건하고 내 근원도 여전히 생명수에 담겨 있어. 게다가 열심히 살고 열심히 일했는데, 아직 어떤 열매도 못 맺다니.

나는 당신이 타인을 먹일 수 있는 때가 올 것을 약속한다. 열매는 계절의 유익이다. 당신은 계속 성장해 나갈 것이다.

씨앗은 절대 후퇴하지 않는다. 올바른 조건이 주어지면 결코 성장을 멈추지 않는다. 서반구에서 가장 가난한 나라인 아이티에서도 씨앗은 잘 자란다. 아이티에 씨앗을 심어보라. 틀림없이 잘 자랄 것이다.

계절은 변한다. 열매 맺는 성장의 계절이 오고 있다. 당신의 현재의 위기는 영원한 것이 아니다. 하나님은 말씀하신다.

내가 그들에게 복을 내리고 내 산 사방에 복을 내리며 때를 따라 소낙비를 내리되 복된 소낙비를 내리리라 그리한즉 밭에 나무가 열매를 맺으며 땅이 그 소산을 내리니 그들이 그 땅에서 평안할지라 내가 그들의 멍에의 나무를 꺾고 그들을 종으로 삼은 자의 손에서 그들을 건져낸 후에 내가 여호와인 줄을 그들이 알겠고 그들이 다시는 이방의 노략거리가 되지 아니하며 땅의 짐승들에게 잡아먹히지도 아니하고 평안히 거주하리니 놀랠 사람이 없으리라(겔 34:26-28).

씨앗의 원칙

6장
씨앗의 원칙

믿음의 씨앗은 언제나 우리 안에 있다.
때론 씨앗을 키우고 생장을 돋우는 데 위기가 필요하다.

-수잔 테일러

위기에서도-혹은 언제든지-번영의 비밀은 열매 맺는 비밀을 이해하는 것이다. 열매 맺는 비밀은 '씨앗의 원칙' 이라는 관점에서 이해할 수 있다.

이는 인간이 어떤 삶을 살아야 되는지 아담과 하와에게 말씀하신 에덴 동산의 때로 거슬러 올라간다. 이 책의 3장은 하나님이 아담에게 인류를 위한 경영의 임무를 어떻게 주셨는가에 대한 내용이다. 하나님은 무엇이라고 말씀하셨는가?

"생육하고 번성하여 땅에 충만하라, 땅을 정복하라, 바다의 물고기와 하늘의 새와 땅에 움직이는 모든 생물을 다스리라" (창 1:28).

하나님은 아담에게 특별한 임무를 주셨다-하나님이 창조하신 식물과 피조물들로 가득 찬 동산. 그들은 스스로를 돌볼 수 없었고 아담은 그들을 방치할 수 없었다. 아담은 그들을 보살피고 가능한 한 많은 열매를 맺도록 해야 했다.

나아가 아담은 이 일이 무엇을 의미하는지 배우기 시작했다. 그는 이전에는 식물이나 나무를 본적이 없었고, 어떻게 열매를 맺는지 혹은 각 열매 안에 그 식물을 재생산할 DNA가 들어있다는 것을 몰랐다. 그 열매를 먹을 수 있다는 것도 몰랐다. 하지만 그는 자신이 씨앗을 돌봐야 하는 임무가 있는 것을 아는 데 그리 오래 걸리지 않았다. 이 푸르게 자라는 식물들은 씨앗이 없으면 스스로 재생산하고 열매를 맺을 수 없었다. 아담은 식물과 나무의 관점에서 곧 '생육', '번성', '충만'의 뜻을 알게 되었다. 진정으로 이해하진 못했지만, 아담이 아내와 첫 아들 가인과 둘째 아벨을 낳았을 때 이 동일한 씨앗의 원칙이 작용했다. 이것이 인생에 대한 하나님의 계획이었다.

생육하라

수세대가 지난 지금, 하나님이 당신에게 말씀하신다. "생육하라." 하나님은 씨앗을 찾으라고 하시지 않는다. 이미 당신 안에 그 씨앗이 있다고 하신다. 오늘날 지구상에 67억의 씨앗 저장소가 존재하는데 그중 하나는 지금 당신의 의자에 앉아 있다.

당신은 이 땅에 빈손으로 오지 않았다. 하나님은 자신이 주시지 않은 것을 절대 요구하지 않으신다.

씨앗과 열매, 둘 중 어느 것이 먼저인가? 씨앗이다. 하나님은 이렇게 말씀하지 않으신다. "씨앗으로 가득하라." 하나님은 씨앗이 자라 열매 맺길 원하시기에 "생육하라"고 말씀하시는 것이다. 하나님이 당신에게 씨앗을 주셨다는 뜻이다. 당신이 생명을 번식할 수 있는 특별한 것을 가지고 있음을 의미하신다. 그것은 당신 안에 있다.

지금 나는 자녀에 대해서만 말하는 건 아니다. 나는 당신 안에 씨앗의 형태로 있는 당신의 미래에 대해 이야기하고 있다. 사실 당신의 미래의 열매는 이미 싹을 틔우기 시작했다. 그것이 느껴지는가? 그것이 적정한 환경이라면 빨리 성장할 것이다. 하나님 나라는 열매 맺고 성장하는 데 있어 최상의 환경이다. 씨앗의 성장을 잘 관리한다면(정원 일의 대가에게 순종하는 일을 포함), 당신은 완전하고 성숙된 천국의 잠재력 안에서 성장해 나갈 수 있을 것이다. 하나님이 당신을 창조하셨던 목적을 성취할 것이다.

그것이 바로 진정한 열매 맺음이다!

번성하라

바하마에 사는 당신에게 망고 씨앗이 하나 있다면, 그저 망고 열매 하나만을 얻는 걸로 끝나지 않을 것이다. 당신은 수백 개의 망고를 얻게 될 것이다. 수천 개일 수도 있다. 씨앗과 동일한 열매를 얻어 그 수는 수천 배로 늘어날 것이다. 씨앗의 속성 중 하나는 바로 번식이다.

각 씨앗에는 생명이 있다. 번식의 가능성이 있다. 씨앗은 그 고유의 종을 생산한다. 씨앗은 하나님으로부터 온 선물이다. 적정한 환경과 하나님이 공급하시는 관리로 씨앗은 성장하고 숙성하여 열매를 맺을 수 있다. 늙은 씨앗은 스스로 성숙한 열매를 맺지 못했다. 사라져버렸다. 지금 당신이 보는 모든 것은 씨앗으로 번식된 열매들이다. 그리고 새 열매는 새로운 씨앗을 품고 있다.

내 믿음의 아버지인 오랄 로버츠(Oral Roberts) 목사님이 1976년 오랄 로버츠 대학교(Oral Roberts University) 예배당에서 하신 말씀을 결코 잊지 못할 것이다. "당신의 필요를 충족시킬 수 없다면, 그것을 씨앗으로 만들어라." 당시 학생이었던 나는 그 말씀을 붙잡았다. 학비조차 제대로 낼 수 없던 형편이었지만, 내게 남은 몇 푼을 모두 헌금시간에 드렸다. "하나님, 지금 학비를 낼 수 없지만 이 물질을 당신에게 드려서 기쁩니다."

어떤 일이 일어났는지 아는가? 이틀 후 내 우편함에 출처를 모르는 봉투가 하나 들어 있었다. 학비로 필요한 액수의 두 배나 되는 돈이었다. 이것이 바로 내가 번성이라 부르는 것이다! 나는 특별한 씨앗을 심었고 그것이 내 기도의 응답으로 나타난 것이다.

씨앗의 선물

하나님은 씨앗의 원칙을 근거로 하여 인생을 붙드신다. 만일 씨앗이 적절히 관리된다면 인생은 쇠퇴하지 않을 것이다. 계절을 지날 때마다 모든 것이 성장하고 많은 열매를 맺을 것이다.

예수님은 이렇게 기도하라고 하셨다. "오늘 우리에게 일용할 양식(bread)을 주시고." 그러나 알다시피 하나님에게 빵이 자라는 나무는 없다. 하나님은 우리에게 빵을 주시는 게 아니라 씨앗을 주신다. 하나님은 밀, 귀리, 보리, 그리고 다른 종류의 씨앗을 주신다. 분쇄과정을 거친 가루로 빵을 만드는 데 충분한 낟알을 생산하는 씨앗이다.

우리가 기도한 것과 다르게 응답을 주실 때 이 점을 깨닫는 게 중요하다. 우리는 하나님은 실수하지 않는다는 것을 알고 있다. 하나님은 우리에게 필요한 씨앗을 공급하시는가? 씨앗이 번식할 때까지 끈기 있게 잘 돌볼 수 있는가? 당신이 기도한 것을 응답받는 과정에 어떠한 분쇄(위기의 형태)가 포함될 수 있음을 받아들이는가?

당신은 돈을 위해 기도했고 하나님은 당신에게 일을 주셨다. 자, 어떤가. 당신의 근면함이 경작의 과정이다. 당신이 기도해 오던 돈을 거둘 것이다. 당신은 최종 결과인 추수(돈)를 위해 기도했다. 이를 위해 기도하는 게 나쁜 것은 아니다. 하지만 당신이 받은 응답이 씨앗의 형태라도 놀라지 말라. 하나님은 당신이 씨앗을 심고 그것이 자랄 때까지 돌보도록 하신 것이다. 그런 다음 추수를 할 수 있고 앞으로 더 많은 씨앗을 심어야한다는 깨달음을 얻게 된다.

당신은 하나님 나라의 참된 백성이 되게 해달라고 기도했다. 그래서 하나님은 당신을 완벽하고 성숙한 신자로 한순간에 변화시켜 주시는 대신에 위기를 보내셨다. 어떤 일이 일어났는가? 하나님은 당신이 불길 가운데서 단련되길 원하신다. 하나님은 당신이 빛나고 강한 존재로 다시 태어나 참된 백성으로 살길 원하신다.

심는 자에게 씨와 먹을 양식을 주시는 이가 너희 심을 것을 주사 풍성하게 하시고 너희 의의 열매를 더하게 하시리니 공급하사 너희가 모든 일에 넉넉하여 너그럽게 연보를 함은 그들이 우리로 말미암아 하나님께 감사하게 하는 것이라(고후 9:10-11).

하나님은 바로 먹을 수 있는 빵을 주지 않으신다. 씨앗을 주신다. 현명한 아버지이시다. 우리가 거지에게 거저 빵을 주면 어떤지 당신도 잘 알지 않는가. 그 빵으로 하루를 버틸 수 있겠지만 그 다음은 어떠한가? 일단 빵을 먹고 나면 더 많은 것을 구걸하게 될 것이다. 거지가 생계를 이어갈 수 있도록 도와 빵을 직접 사먹을 수 있게 하는 게 훨씬 나은 일이다. 오랜 시간이 걸려도 그것이 더 나은 방법이다.

내가 당신에게 하나의 씨앗을 준다면 그것은 번식하고 증식하여 당신이 원하는 삶을 제공할 것이다. 그것은 당신이 다른 이의 삶에도 씨앗을 심게 하는 것이다. 이것이 하나님이 일하시는 방식이다.

씨앗으로 충만하기

당신의 '씨앗'은 자녀를 낳는 능력 이상이라고 했다. 이는 또한 하나님이 당신을 창조하신 계획으로 인도하는 당신의 내재된 잠재력이다. 모든 사람은 특별한 씨앗을 가지고 있다. 그 씨앗은 잠재력, 목적, 그리고 열정의 형태를 지닌다. 당신의 미래가 담겨져 있다. 이전 장에서 말했듯이 "모든 씨앗 안에는 숲이 있다."

씨앗을 단순한 씨앗으로 남겨두지 마라. 그것이 자라도록 심고 영양분을 주라. 그러면 당신의 씨앗은 크게 번성할 것이다.

당신 안에 있는 그 씨앗은 아이디어다. 당신이 빵을 위해 기도하면 하나님은 아이디어를 주신다. 돈을 위해 기도해도 아이디어를 주신다. 당신이 더 많은 자원을 위해 기도한다면 또 다른 아이디어를 주신다.

당신이 여느 그리스도인처럼 게으르지 않다면-그들은 앉아서 기적이 일어나기만을 기다리고 있다-기적을 위한 씨앗을 주셨음을 깨닫게 될 것이다.

예를 들어 당신이 하나님께 승진을 구하면, 아이디어를 주신다. "어떻게 해야 할지 알려주마. 직장에 일찍 출근해서 늦게 퇴근해라. 하지만 초과수당을 달라고 하지 마. 그들이 너의 헌신을 보게 하렴."

"아, 안돼요. 하나님" 당신이 말한다. "그렇게 하고 싶다고 말씀드린 거 아닌데요. 저는 그냥 승진하고 싶어요. 돈이 더 많았으면 좋겠어요."

하나님은 말씀하신다. "넌 내 말을 듣지 않는구나. 내가 너에게 씨앗을 주었잖니. 이제 가서 심으렴." 씨앗이 충만한 것으론 충분하지 않다. 씨앗은 열매가 아니다. 씨앗으로 무언가를 해야만 한다.

당신이 이 과정을 실패한다면 번영하지 못할 것이다. 매일 먹을 양식이 없는 거지처럼 되지 말라. 거지는 씨앗을 집으려는 생각조차 없다. 결코 그것을 심지 않는다. 시간이 지나면 지날수록 스스로 노력을 하는 일은 점점 더 불가능해질 것이다.

씨앗으로 충만해지는 데 창의력이 필요하다. 창의적이 된다는 것은 씨앗의 정의를 일부포함한다-새 생명을 창조하고 번식하는 것. 당신 안에 새 생명이 창조될 수 있는 씨앗이 숨겨져 있다. 중요한 단계는 그 씨앗-그 아이디어-으로 무언가를 하는 것이다. 그러나 대체로 사람들은 실천하지 않는다.

창의력을 위한 최상의 조건은 위기의 순간임을 명심하라. 위기의 순간이 바로 변화의 동기를 얻는 때이다. 하나님께 기도하며 부르짖는 때이다. 하나님의 말씀에 주의를 기울이는 때이다.

위기라고 해서 당신의 열매도 위기라고 가정하지 말라. 위기가 아니라 풍성해지는 순간이다. 위기 가운데 좋은 아이디어를 더 열심히 살펴볼 것이다. 당신의 타고난 재능을 평가할 것이다. 더 열심히 더 오래 일할 것이다. 불편한 위기 상황 속에서 빠져나올 동기가 생겼기에 게을러 지지 않을 것이다. 잃을 것이 별로 없기 때문에 위험을 감수하거나 두려워하지 않을 것이다.

그러므로 위기의 가치를 과소평가하지 말라. 당신의 아버지를 모방하라. 이 땅이 혼돈하고 공허할 때 창의적이셨다. 씨앗을 심으셨다. 당신과 나 같은 사람을 통해서 지금도 그렇게 하고 계신다. 우리는 하나님의 명령으로 혼란스러운 위기를 '축복'으로 바꿀 수 있다. 당신은 결핍을 '풍요'로 바꿀 수 있다.

미래의 씨앗

인생의 열쇠는 씨앗을 발견하고 계발하고 품는 것이다. 나는 사람들이 자신의 열매를 맺을 수 있도록 돕고 싶다.

어떤 사람들은 열매를 얻으려고 대가를 지불한다. 그들은 당신만이 줄 수 있는 것을 원한다. 당신이 주유소에 가는 건 사장이 마음에 들어서라기보다 당신이 필요한 것이 있기 있기 때문이다. 당신은 그것을 얻기 위해 돈을 지불할 것이다. 그는 생계를 위협하는 경제침체를 염려할 필요가 없다. 왜냐하면 사람들이 진짜 필요로 하는 것을 제공하기 때문이다. 사람들은 휘발유를 마시진 않지만 그들의 자동차가 제대로 굴러가길 원한다. 어떻게든 휘발유를 얻을 방법을 찾을 것이다. 그의 '열매'가 사람들의 자원, 즉 돈을 끌어 모은다. 그의 열매는 결코 침체하지 않을 것이다.

씨앗을 발견하고 열매를 맺을 때, 당신은 성취감을 느끼기 시작할 것이다. 당신의 목적을 이루고 당신의 열정을 만족시키게 될 것이다. 당신이 무엇을 가지고 태어났는지를 발견하면, 하나님이 당신을 위해 계획하신 미래로 걸어가게 될 것이다.

당신이 99세가 될 때까지 발견하지 못한다고 해도 분명 타고난 게 있다. 당신의 씨앗은 잃어버릴 수가 없다.

그런데 인생의 종착점에 도달했는데 아무 것도 하지 않았다면 이보다 슬픈 일이 있는가. 그들은 그저 존재했던 것이다. 살아남은 것뿐이다. 자녀를 몇 명 낳았는지 모르나 하나님 나라의 삶을 살지 못했다. 그들의 미래 계획은 그 세월 동안 자신 안에 갇혀있기만 했다. 위기의 폭풍이 다가오고, 위기의 번갯불이 쳤지만 그들은 씨앗을 보지 못했다. 위기를 극복하는 것은 다른 누군가의 일이라고만 생각했다. 그들은 평생 동안 위기가 자신의 관심을 돌이키려는 하나님의 방법이라는 것을 이해하지 못했다. 위기가 그들을 수정하고 하나님의 창조하신 목적대로 형성하기 위한 것임을 결코 깨닫지 못했다.

어디나 미래를 잃은 사람들은 있다. 당신이 아는 대부분의 사람들이 그러한 사람들일 것이다. 그들은 부스러기를 얻기 위해 하루 종일 고된 일을 하는 개미와 똑같다. 하나님이 그들을 세게 흔드실 때도 자신의 잠재성에 눈뜨지 못했다. 하나님이 노력을 하지 않으신 게 아니다. 그들을 깨우기 위해 항상 애쓰셨다. 그들 바로 밑에 미래를 숨겨두셨다. 하나님은 그들이 그것을 놓치길 원하신 게 아니었다.

그러나 그것이 불쾌한 경우로 다가올 때-예를 들어 위기-사람들은 자신의 눈을 감아버리는 경향이 있다. 그들은 그 상황을 지나칠 수 없다. 자신의 마음과 생각에 여전히 씨앗으로 존재하는 새롭고 혁신적인 아이디어들을 찾지 못한다.(나는 우리의 사회와 교육 체계가 하나님이 우리를 창조하신 목적에 대한 인식을 감추고 매장시키는데 강력하고 부정적인 역할을 한다고 생각한다. 진부한 길을 따르라고 배운다. 열정을 따르라고 가르치지 않는다. 교육과 경력에 대한 대부분의 선택은 우리에게 무엇이 좋을 거라는 누군가의 생각을 중심으로 돌아간다. 우리는 개인적인 성취보다 금전적 이익에 따라 일을 선택한다. 모든 것이 붕괴된 후에 성취감이라고는 조금도 남아 있지 않음을 깨닫게 되는 건 어쩌면 당연한 일인지도 모른다.)

하나님이 주신 계획을 발견하고 성취하는 사람들은 믿음의 사람일 가능성이 크다. 특히 말씀을 가슴으로 받아들이고 하나님께서 성장하도록 도우시길 원하는 사람 말이다. 이들은 아직 싹이 나지 않은 작은 씨앗을 보는 눈을 가진 사람들이다. 그들은 하나님이 주신 재능을 확인하는 열정이 있고 하나님의 격려에 순종하는 사람들이다.

아무도 당신의 재능(씨앗)을 빼앗지 못하지만, 모든 책임은 당신에게 있다. 당신은 자유의지를 가지고 있다. 당신은 재능을 발견하고, 계발하고, 다듬기로 선택할 수 있다. 혹은 그렇지 않을 수 있다.

아무 것도 하지 않으면 씨앗은 수면상태로 머물 것이다. 하나님은 당신을 창조하신 목적을 행할 다른 이를 찾아야 할 것이다. 그 누군가는 하나님의 인도하심으로 성취하고, 세상에 특별한 것을 제공하는 놀라운 경험을 하게 될 것이다.

앞에서 나는 당신의 씨앗은 적절한 환경에서 가장 잘 자랄 것이라고 말했다. 나는 이 책을 통해 '비료'가 되는 환경을 제공하고자 노력하고 있다. 당신 안에 있는 씨앗이 자라도록 인공적으로 조작할 필요는 없다. 당신이 올바른 환경 속에 있고자 한다면 씨앗은 금방 싹을 틔울 것이다. 한 그루의 나무가 들어있는 망고 씨앗과 같다. 일단 올바른 토양에 뿌리를 내리기만 하면 나무가 자랄 것이다.

나는 또한 당신의 상황이 좋든 나쁘든 인생의 관점을 제시하려고 한다. 비료는 때로 악취가 난다. 맡아본 적이 있는가? 이 좋지 않은 냄새가 풍기는 위기는 씨앗이 자라기에 완벽한 환경이 될지도 모른다. 당신이 허락만 하면 된다.

당신의 마음은 물로 가득 찬 깊은 우물과 같으며 물을 퍼 올리려면 약간의 도움이 필요하다(잠 20:5 참조). 그리고 약간의 격려와 허락이 필요하다. 그러면 씨앗이 자라지 못하도록 방해하는 모든 것에서 자유로워 질 것이다.

무엇을 가지고 있는가?

내면을 바라보라. 하나님의 빛으로 그곳을 비추어 달라고 하라. 무엇이 보이는가? 씨앗처럼 보이는 게 있는가? 당신은 무엇을 가지고 있는가?

하나님이 모세에게 그 질문을 하셨을 때, 결과는 기적이었다.

여호와께서 그에게 이르시되 네 손에 있는 것이 무엇이냐 그가 이르되 지팡이니이다 여호와께서 이르시되 그것을 땅에 던지라 하시매 곧 땅에 던지니 그것이 뱀이 된지라 모세가 뱀 앞에서 피하매 여호와께서 모세에게 이르시되 네 손을 내밀어 그 꼬리를 잡으라 그가 손을 내밀어 그것을 잡으니 그의 손에서 지팡이가 된지라 이는 그들에게 그들의 조상의 하나님 곧 아브라함의 하나님, 이삭의 하나님, 야곱의 하나님 여호와가 네게 나타난 줄을 믿게 하려 함이라 하시고(출 4:2-5).

엘리야가 과부에게 이 질문을 했을 때도 마찬가지로 기적이었다.

 선지자의 제자들의 아내 중의 한 여인이 엘리사에게 부르짖어 이르되 당신의 종 나의 남편이 이미 죽었는데 당신의 종이 여호와를 경외한 줄은 당신이 아시는 바니이다 이제 빚 준 사람이 와서 나의 두 아이를 데려가 그의 종을 삼고자 하나이다 하니 엘리사가 그에게 이르되 내가 너를 위하여 어떻게 하랴 네 집에 무엇이 있는지 내게 말하라 그가 이르되 계집종의 집에 기름 한 그릇 외에는 아무것도 없나이다 하니 이르되 너는 밖에 나가서 모든 이웃에게 그릇을 빌리라 빈 그릇을 빌리되 조금 빌리지 말고 너는 네 두 아들과 함께 들어가서 문을 닫고 그 모든 그릇에 기름을 부어서 차는 대로 옮겨 놓으라 하니라 여인이 물러가서 그의 두 아들과 함께 문을 닫은 후에 그들은 그릇을 그에게로 가져오고 그는 부었더니 그릇에 다 찬지라 여인이 아들에게 이르되 또 그릇을 내게로 가져오라 하니 아들이 이르되 다른 그릇이 없나이다 하니 기름이 곧 그쳤더라 그 여인이 하나님의 사람에게 나아가서 말하니 그가 이르되 너는 가서 기름을 팔아 빚을 갚고 남은 것으로 너와 네 두 아들이 생활하라 하였더라 (왕하 4:1-7).

 당신은 무엇을 가지고 있는가? 자신을 점검해보라. 내면을 들여다보고 하나님의 눈으로 볼 수 있게 해달라고 구하라.
 사업에 대한 아이디어가 있는가? 이 아이디어를 가지고 오랜 시간 생각해왔는가? 당장 시작하라. 다음 발걸음을 내딛을 수 있는지 보라. 사업 계획을 구상해보라. 상품 혹은 서비스에 대한 당신의 아이디어를 평가하라. 사람들이 당신에게 돈을 투자

할만한가? 당신에게 필요한 지지 구조는 어떠한 종류일지 결정하라. 당신의 아이디어에 관심 있는 좋은 사람들을 만날 수 있을지 찾아보라.

아이디어의 씨앗이 싹을 틔울 수 있다면 참 좋은 일이지만 그게 전부가 아니다. 이제 시작일 뿐이다. 이제 당신은 오랜 시간이 요구되는 일을 시작하는 것이다. 남은 평생 동안 열심히 일하게 될 그 아이디어에 적응하라.

하나님으로부터 멀어지지 마라. 당신의 일이 우상이 되기 참으로 쉽다. 하나님께서 진로를 수정하시게 하라. 당신에게 현명한 조언을 주는 사람들을 받아들여라.

관대해져라. 여기 저기 작은 씨앗을 심어라. 십일조를 충실히 하라. 당신이 신중하고 기민한 사람일지라도 성장하는 자원을 축적해두지 마라.

당신은 머지않아 알게 될 것이다. 사업은 성공할 것이다. 가족 그리고 더 많은 사람들을 도와줄 수 있을 것이다. 당신의 직원과 고객들도 당신 안에 있던 아이디어라는 작은 씨앗으로부터 유익을 얻을 것이다.

그 너머를 보라

당신은 무엇을 가지고 있는가? 세상 사람들은 당신의 씨앗을 찾고 있다. 세상은 당신의 씨앗을 필요로 하지만 그것은 열매의 형태로 있어야 한다. 씨앗을 먹으려고 망고 나무를 찾는 사람은 없다. 열매를 찾는 것이다. 아무도 망고 씨앗을 먹지 않는다. 사람들은 망고 열매를 먹는다. 사람은 작은 씨앗 하나로는 충분한 영양분을 얻을 수 없다. 음식으로는 무용지물이다. 씨앗 한 개는 식사대용이 아니다. 새도 씨앗 하나로 식사를 할 수 없다. 우리 대부분의 모습이 지금 그러하다. 우리는 존재만 할 뿐이다. 마지막에 우리의 이름이 불릴 때 "여기 왔습니다!" 라고 대답하고는 자리에 앉아 누군가 와서 뭔가 해주길 기다릴 태세이다.

우리는 열매를 맺어야 한다. 당신은 첫 열매를 맺어야 한다. 당신은 잉태해야 한다(당신이 남자일지라도!). 당신은 해결책이 되어야 한다. 당신은 이 땅의 문제를 풀기 위해 태어났다. 당신은 세상의 필요에 대한 하나님의 응답이다. 당신은 세대에 요청에 대한 하나님이 아는 해답이다. 당신은 하나님의 바람들 중 성취된 하나이다. 하나님이 원하시는 특별한 일을 위해 당신이 필요하다. 하나님은 특별한 것을 위해 당신을 창조하셨다.

그냥 먹고, 세금을 내고, 그러다가 죽으라는 게 아니다. 공간을 차지하고 산소를 소비하라는 건 더더욱 아니다. 이 땅에 하나님 나라의 메신저로 창조하셨다. 하나님을 향한 질문의 대답으로 창조하셨다. 이 세상에 공헌하는 자로 창조하셨다. 하나님의 아이디어, 그분의 씨앗을 운반하는 자로 창조하셨다. 하나님의 창조적인 팀의 일원으로 말이다.

당신은 그분의 계획에 필수적인 존재다.

자신을 비하하지 마라. 이 책은 다른 누군가를 위한 것이 아니다. 당신은 바로 이 땅을 향한 하나님의 계획에 없어서는 안 될 존재이다. 당신이 어떤 배경인지는 별 문제가 안 된다. 결국 예수님은 마태를 불러 제자로 삼지 않으셨는가. 마태는 당시 범죄자와 비교해서 그리 나을 게 없는 세리였다(마 9:9; 21:31-32, 막 2:14, 눅 5:27; 7:34).

당신이 '좋은' 나라의 '부유한' 가정에서 태어나지 않았다고 해서 하나님이 당신을 사용하실 수 없다고 생각하지 말라. 이는 외국산 명품이라면 무조건 최고라고 생각하는 우리의 기이한 성향과 같다. 누군가가 격조 높은 말을 하고, 유명한 도시(아마 부유하고 세련된 도시) 출신에다 이국적으로 보이면 그 사람 혹은 그 사람이 추천한 물건을 최상의 것이라고 여기지 않는가.

당신의 출신 배경은 지극히 평범할지도 모른다. 아주 평범하여 특출난 점이 없다고 생각할지 모른다. 그러나 하나님은 당신을 창조하셨는데 이는 당신에게 어떠한 특별한 목적을 주셨음을 의미한다. 당신이 그 목적 안에서 살아갈 때 충만감을 느끼기 시작할 것이다.

제자 안드레를 기억하는가? 안드레의 이름을 따라 지은 성경책은 없다. 그는 그저 이름만 몇 번 언급됐을 뿐이다. 그런데 하나님의 계획에서 아주 필요한 존재였다. 그와 형 베드로는 어부였는데 예수님이 그들의 이름을 부르시는 것을 듣고는 그물을 내버려두고 떠났다. 그들이 바로 첫 제자들이다. 안드레가 언급될 때마다 "안드레와….." 혹은 "…와 안드레" 라고 한다. 혼자만으로는 그다지 특별해 보이지 않아 보인다.

그러나 안드레의 은사는 네트워킹이었다. 그물을 손질하는 걸 말하는 게 아니다. 안드레는 하나님의 계획에 있어 아주 중요했다. 요한복음에서 안드레는 베드로에게 예수님을 만나게 해 준 사람이다.

> 요한의 말을 듣고 예수를 따르는 두 사람 중의 하나는 시몬 베드로의 형제 안드레라 그가 먼저 자기의 형제 시몬을 찾아 말하되 우리가 메시야를 만났다 하고(메시야는 번역하면 그리스도라) 데리고 예수께로 오니…(요 1:40-42).

안드레가 한 일은 하나님 나라를 위해 매우 중요한 일이었다. 작은 일처럼 보이지만 그는 일관되게 행동한 듯하다. 안드레는 사람들에게 구원자를 소개해 주었다. 교회의 머리가 된 베드로처럼 이들 중 몇몇은 하나님 나라에서 엄청난 역할을 하게 되었다. 만일 안드레가 예수님의 부르심보다 생업이 더 중요하다고 생각했다면? 사람을 낚는 어부가 되라고 말씀하시는 이 스승을 따를 수 없었더라면?(마 4:19, 막 1:17). 우리는 아마 오늘 이 자리에 있지 못했을 것이다….

가진 것을 취해 하나님이 번식시키게 하라

제자들이 큰 딜레마에 빠졌을 때-오천 명 이상을 먹일 방법-예수님은 그들에게 있는 것으로 사람들을 먹이라고 하셨다. 그런데 그렇게 하기엔 터무니없이 적은 양이었다. 굶주린 도시에 굴러다니는 씨앗 몇 개에 비교될 정도로 빈약한 것이었다. 제자들은 수천 명의 사람들의 배에서 울려나는 '꼬르륵' 소리를 들었을 것이다. 뜨거운 태양 아래 하루 종일 예수님의 말씀을 들었던 사람들은 배고픔에 지쳐갔다.

저녁이 되매 제자들이 나아와 이르되 이 곳은 빈 들이요 때도 이미 저물었으니 무리를 보내어 마을에 들어가 먹을 것을 사 먹게 하소서 예수께서 이르시되 갈 것 없다 너희가 먹을 것을 주라 제자들이 이르되 여기 우리에게 있는 것은 떡 다섯 개와 물고기 두 마리뿐이니이다 이르시되 그것을 내게 가져오라 하시고 무리를 명하여 잔디 위에 앉히시고 떡 다섯 개와 물고기 두 마리를 가지사 하늘을 우러러 축사하시고 떡을 떼어 제자들에게 주시매 제자들이 무리에게 주니 (마 14:15-19).

이 이야기는 실화로 다른 '누군가'를 위한 게 아니다. 바로 당신을 위한 것이다. 당신은 자신을 작은 떡 다섯 개와 말라 비틀어진 생선 두 마리를 바친 소년처럼 하찮은 존재로 생각하는지 모르겠다. 그러나 하나님께서 그와 같은 씨앗으로 무엇을 하실 수 있는지 보라!

위기의 시기에도
번영하는 비법

07

7장
위기의 시기에도 번영하는 비법

인생의 전투 대부분은 우리 안에서의 싸움이며,
대개 위기 동안 가장 크게 성장한다.

-로버트 샤이트

위기의 시기에 성공하는(단순히 살아남는 게 아니라) 비밀은 효과적인 관리이다. 다시 한 번 강조하겠다. 위기의 시기에 번영하는(단순히 살아남는 게 아니라) 비밀은 효과적인 관리이다.

나는 모든 것을 '효과적인 관리'로 축소하여 당신의 신경을 건드리는 게 아니다. 진부한 문구로 보이겠지만 그 뒤에 숨은 실상은 전혀 진부하지 않다. 효과적인 관리 그 자체가 감춰진 비밀이다. 그것은 효과적이고 활발히 작용할 때보다 상실했을 때 더 알아차리기 쉽다. 나는 당신이 이와 관련된 책을 쓰거나, 혹은 당신의 목회자나 멘토가 가르쳐주지 않으면 '효과적인 관리'에 대해 깊이 생각해보지 않을 거라 생각한다.

하지만 당신에게 위기가 닥칠 때 그 비밀이 드러난다. 위기를 극복하는 딱 한 가지 방법이 있다. 바로 우수한 관리이다. 당신은 위기를 극복하는 당신만의 방법을 관리해야 하며, 사람들은 이를 지켜볼 것이다. 당신이 무엇을 하고 있는지 몰라도 그들은 당신의 모습을 지켜본다. 다시 말해 당신이 위기를 극복하는 것을 지켜보고, 당신이 그것을 효과적으로 했는지 안 했는지 간파한다. 당신이 위기에서 겨우 살아남았는지 아니면 성공했는지를 알 수 있게 된다.

당신이 위기를 비효과적으로 관리하면 사람들은 눈치 챌 것이다. 오랫동안 위기에서 빠져나오지 못하고, 마음을 졸이고 낙담하여 이겨낼 힘이 없을 때 말이다. 이는 효과적인 관리가 아니다. 관리의 한 유형이긴 하지만-제한적 관리, 부적절한 관리, 무능한 관리- 이를 효과적인 관리라고 할 수 없다. 효과적인 관리는 당신을 전진하게 한다. 효과적인 관리는 당신을 이륙하게 한다. 효과적인 관리는 당신을 어딘가로 데려다준다. 효과적인 관리는 흥미로운 일이 될 수 있다. 특히 위기의 시기에.

위기의 시기에 누가 영웅인가? 위기를 대비하고 준비한 자들이다. 그들은 어떤 준비를 하였는가? 단순히 하나님의 원칙과 명령에 순종하는 삶을 살았다.

'원칙과 명령에 순종한다' 는 것은 어떤 의미인가? 눈치 챘겠지만 나는 이 책에서 모세의 십계명이나 성경에 나오는 다른 명령들에 대해서 그다지 많은 언급을 하지 않고 있다. 하지만 하나님의 기본 명령, 하나님이 인류에게 말씀하셨던 최초의 명령들, 하나님이 폐지하거나 고치지 않으신 명령들에 대해서 언급했다. 바로 생육하고 번성하고 이 땅을 다스리라는 최초 명령이다. 아담과 하와에게 명령하신 것은 지금 이 순간에도 유효하다. 하나님은 지금도 전 우주를 주관하고 계신데 이 땅의 운영과 관리는 인간들에게 위임하셨다.

여기에 당신과 나도 포함된다. 하나님은 우리가 언제나 그분의 인도하심에 귀를 쫑긋 세우길 원하신다. 그분의 왕좌에서 내려오기를 원하신다. 서로 상의하고 협력하길 원하신다. 하나님이 우리 앞에 놓여진 곧고 좁은 길을 걸으며 그분의 인도하심을 따른다면(마 7:13-14), 좋은 결과가 나타날 것이다.

하나님의 이 기본적인 계명들은 이 땅의 자원을 관리하기 위한 명령 혹은 지령이다. 이 명령에 믿음으로 순종하면 우리는 어떠한 일이 다가와도 이겨낼 것이다. 우리는 효과적인 관리자가 될 것이며 어떠한 위기에서도 번성하는 사람들이 될 것이다.

상사로서의 하나님

하나님은 인간에게 이 땅의 자원을 관리하라는 임무를 주셨다. 그러나 하나님은 언제나 그 자원을 소유하실 것이다. 하나님 나라에서 하나님을 제외하고 그 누구도 소유하지 못한다. 인간은 소유권이 아니라 지배와 '관리권'을 받았다.

이 땅의 자원을 지배하는 것은 우리의 일차적인 과제이다. 이 사실을 붙들면 삶의 목적은 분명해진다. 우리는 더 이상 돈이나 음식, 다른 종류의 자원을 얻는 문제로 염려할 필요 없다. 우리가 해야 할 일은 자원을 관리하는 것이지 그것을 발생시키는 게 아니다.

하나님 나라의 일원이 된다고 해서 무임승차가 보장되지 않는다. 이 땅에 하나님 나라의 문화를 확장시키는 거룩한 목표가 부여되었다. 아담은 정원을 관리하기 위해 흙을 갈았다. 땀 흘리면서 하나님이 공급하신 자원을 관리했다.

오늘날도 유효하다. 우리 각자는 이 땅의 자원을 관리하려면 땀 흘려 일할 필요가 있다. 우리의 노동으로 삶을 유지하는 그 노력을 계속해나가면 필요한 열매를 거둔다. 우리의 일(관리)이 효과적일수록 하나님은 더 많은 자원을 주실 것이다. 다시 말해 우리의 관리가 효과적일수록 더 큰 성장을 누리게 될 것이다. 더 큰 성장을 즐길수록 더 많은 열매를 거두게 될 것이다. 더 많은 열매를 거둘수록 하나님의 나라는 이 땅에 더 굳건하게 세워질 것이다.

하나님은 당신이 관리할 수 있는 것보다 더 많은 것을 맡기지 않으실 것이다. 관리가 없는 곳에 성장을 허락하지 않으신다. 하나님은 동산을 관리할 아담을 지으시고 나서야 동산에 비를 내리셨다. 하나님은 관리가 없는 곳에 발전을 허락하지 않으신다. 남자 혹은 여자를 두시기까지 어떤 것도 확장하지 않으실 것이다.

하나님이 당신을 신뢰하는 기준은 관리이다. 당신의 신실함을 통해 그리고 당신의 믿음을 통해 하나님의 나라가 한 번에

한 사람씩 확장된다. 당신의 효과적 관리를 통해 필수 자원이 발견된다. 당신의 효과적 관리가 더 많은 자원을 끌어 모아 목적을 완성하게 한다.

위기는 오고 가고

효과적인 관리는 일어날 위기를 관리하는 것이다. 위기는 필연적이다. 기업의 관리자나 부모는 안다. 당신이 위기 앞에서 힘없이 무너지면 당신이 책임지고 있는 모든 것이 무너져 내릴 것이다.

위기관리는 매우 중요하다. 그래서 나는 4장에서 '위기를 관리하는 일곱 가지 방법'을 설명했다.

1. 필요를 결정하라(목록을 만들어 보라). 당신이 원하는 것과 필요한 것을 혼돈하지 마라.
2. 필요한 것만을 구매하라.
3. 능력 이상으로 살지 마라.
4. 불필요한 것은 사용하지 마라.
5. 중요한 계획들은 지연시켜라.
6. 소유한 것을 소중히 여겨라.
7. 저축하고 절약하고 자원을 보호하라.

새로운 위기를 만나면 위기관리 기술들을 재검토해볼 필요가 있다. 위기가 닥치면 논리정연하게 생각하기 어려워진다. 어떤 위기든지 '관리의 위기'를 동시에 겪는 것이 위기의 속성인 듯하다.

위기가 닥칠 때, 당신은 이전의 위기에서 배운 것뿐만 아니라 외부 자료(이 책과 같은)에서 배운 것을 재검토해볼 필요가 있다. 그리고 우리 모두는 언제나 '뒤범벅' 되어 있다는 것을 알아야 한다. 완벽한 사람은 없다. 믿음으로 사는 법을 계속해서 배우고 하나님 나라의 시민으로 끊임없이 성숙해나가야 한다.

위기가 닥치면 특별한 경험을 하게 될지도 모른다. 하나님을 찬양하라! 아마 당신은 분수에 맞는 생활을 해서 고용시장이 흔들리고 해고되어도 부채 문제로 골치 아파할 필요 없을 것이다. 필요한 것만을 가지고 살아서 많은 것들을 처분할 필요가 없을 것이다.

그리고 당신은 이 위기가 지나가기 전에 새로운 것을 배우게 될 것이다. 이 또한 하나님을 송축하라. 하나님은 당신의 거룩한 목자로 당신의 길고 고된 여행을 충분히 강하게 만들어 주실 것이다. 하나님은 당신을 하나님 나라를 도래케 하는 자로 만드시려고 인생의 상황들을 사용하실 것이다.

물질적 사고방식

나는 "효과적인 관리는 자원을 끌어 모은다" 고 했다. 위기를 관리하는데 필요한 자원들을 아끼고 절약하고 보호해야 한다. 효과적인 관리는 하나님이 우리에게 맡기신 자원들을 효과적으로 아끼고 절약하고 보호함으로써 이루어진다. 결국 우리의 유효성이 더 많은 자원을 끌어 모은다.

그러나 때때로 이러한 자원들은 모두, 특히 물질적 자원들은 사라진 것처럼 보인다. 어디로 갔는가? 어딘가에 분명히 있다. 어떤 물질도 달나라나 화성에 가 있지 않다. 수십억의 돈은 지구상 어딘가에 존재한다. 황금과 은도 어딘가에 숨겨져 있다. 그 숨겨진 장소의 물질 자원을 '관리' 하는 것은 하나님 나라의 백성에게 달려있다.

하나님은 말씀하신다.

"네게 흑암 중의 보화와 은밀한 곳에 숨은 재물을 주어 네 이름을 부르는 자가 나 여호와 이스라엘의 하나님인 줄을 네가 알게 하리라"(사 45:3).

하나님은 은밀한 곳에 숨은 재물을 주시겠다고 말씀하신다. 하나님이 당신에게 주셨던 자원들을 아끼고, 절약하고, 보호(관리)한다면 말이다.

관리자들은 돈을 지불하고 물건을 산다. 자신의 자원을 낭비 없이 효과적으로 사용한다. 위기의 시기가 다가와도 중단하지 않는다. 그들은 위기로부터 자신의 길을 올바르게 관리하고 한 차원 수준을 높인다. 주식시장이 폭락해도 값싼 주식을 사들인다. 실업이 발생해도 은행 통장이 있다. 그들은 분수에 맞게 살고 월급이 들어오는 대로 써버리지 않는다. 자연재해나 건강의 위기가 닥쳐도 이겨낼 자원이 있다.

하나님이 당신의 삶을 축복하시길 원한다면, 현재까지 당신에게 맡기신 자원을 관리하는 법을 알아야 한다. 당신은 자원과 물질의 절약에 대해 많은 언급을 하는 잠언을 렌즈로 삼아 인생을 되돌아 볼 필요가 있다.

"곧 힘이 없는 종류로되 먹을 것을 여름에 준비하는 개미와"(잠 30:25).

개미는 겨울에 양식이 없기 때문에 여름에 모은다. 현재 경제적 '겨울'이 전 지구를 드리우기 시작하고 있다. 자원을 절약했는가? 개미처럼 보냈는가 혹은 아닌가?

"미련한 자는 무지하거늘 손에 값을 가지고 지혜를 사려 함은 어찜인고"
(잠 17:16).

당신은 신실한 사람이 되어야 한다. 부유한 척하는 것은 아무런 도움이 안 된다. 롤스로이스를 사서 방 한 칸짜리 집 앞에 주차해두면 무슨 소용이 있는가? 지붕보다 더 큰 위성방송 수신용 접시 안테나를 사는 게 도대체 무슨 소용인가? 이는 겉치레다.

당신이 가지고 있는 돈을 어리석게 관리하는 것이다. 잠언 기자는 이렇게 표현한다.

> 스스로 부한 체하여도 아무 것도 없는 자가 있고 스스로 가난한 체하여도 재물이 많은 자가 있느니라(잠 13:7).
>
> 망령되이 얻은 재물은 줄어가고 손으로 모은 것은 늘어가느니라(잠 13:11).

돈이 없어서 불평이 나오면 이렇게 생각해보라. 어린아이들을 제외하고, 우리 대부분은 적어도 한 번은 백만장자가 되었다. 한 번 이상인 사람도 있을 것이다. 그렇다. 당신은 백만장자이다! 당신은 그저 모든 돈을 다 가지고 있지 않은 것뿐이다. 당신의 손을 통과했다. 어떤 형태로든 수백만 달러가 당신의 손을 빠져나갔다.

그리고 당신은 금전적 위기가 있을 때마다 근원되시는 분으로 돌이키는 법을 배웠다. 하나님은 당신이 관리할 수 있는 것을 주셨다. 당신에게 관리 레슨을 하신다. 지금도 하고 계시며 당신은 여전히 배우고 있다. 하나님 나라의 백성으로 온전한 성장에 이르려면 시간이 좀 걸릴 수 있다.

위기의 시기에 번성하는 비결은 평안한 시기와 동일하다. 그것은 관리로, 효과적인 관리는 신뢰를 의미한다. 반석 위에 굳건히 서라. 삶의 어떤 위기도 그만한 가치가 있다.

재물의 비결

나라마다 통화가 다르듯이 재물도 다른 형태를 띤다. 이 땅의 재물은 하나님이 창조하신 많은 자원들의 형태로 온다.

창세기의 말씀이다.

"여호와 하나님이 그 땅에서 보기에 아름답고 먹기에 좋은 나무가 나게 하시니"(창 2:9).

동산의 물줄기였던 강은 4개의 원류에서 흘러나왔다. 4개의 강 중 첫 번째는 고품질 금이 발견되는 땅을 둘렀다. 베델리엄과 호마노도 거기서 발견되었다(창 2:10-12 참조).

아담은 땅에서 나는 과일(음식)을 보았다. 또한 동산의 나무들이 무성히 자라는 이유는 강이 공급하는 물 때문이라고 이해했다. 그래서 물은 또 다른 재물이다. 인간의 신체는 반 이상이 물로 구성되어 있다. 사람은 물과 음식 없이는 살아갈 수 없다.

동산 밖으로 나와 하나님은 아담과 그 후손들에게 여러 재물을 주셨다. 고대부터 오늘날까지 귀중품으로 간주되는 금이다. 은과 같은 다른 귀금속도 재물의 한 형태이다. 또 다른 재물은 기름(송진)이다. 기름은 요리, 보온을 위한 연료로 근대에 들어서 교통과 산업에 필요한 연료다. 마지막으로 다이아몬드를 포함하여 모든 종류의 보석을 대표하는 호마노가 있다.

나는 이들을 재물의 다섯 가지 기초로 본다.

(1) 과일 혹은 음식

(2) 생명 유지를 위한 물

(3) 금과 다른 귀금속

(4) 연료로서 송진 혹은 기름

(5) 호마노와 기타 보석

이 모든 것을 아담에게 주셨다. 하나님은 말씀하셨다.

"아담아, 내가 너에게 식량으로 모든 나무 열매를 주마"(창 2:16 참조).

또 하나님은 말씀하셨다.

"내가 너에게 물을 주마." 그리고 "내가 너에게 금을 주마. 내가 너에게 송진을 주마. 내가 너에게 호마노를 주마." 아담에게 주신 것을 우리에게도 주셨다.

이 다섯 가지를 효과적으로 다루면 누구든 부유해질 수 있다. 위기의 순간에 사람들은 근본으로 돌아갈 것이다. 위기의 시기에 당신은 식물로 가득한 계곡을 소유하겠는가 아니면 첨단 산업지구를 소유하겠는가?

하나님은 아담에게 멋진 조언을 하셨다. 하나님은 농사와 물로 시작하셨다. 이는 기본 중의 기본이다. 식량과 물이 확보 되었다. 그러면 금, 기름, 보석을 얻으려고 땅을 일굴 것이다.

우선순위를 역행하면 식량 부족으로 죽게 된다. 그런데 우리는 마지막 우선순위를 최우선순위에 두었다. 자원을 엉망으로 만들어 놓았다. 화학품, 부식과 지나친 경작으로 물과 토양을 오염시켰고, 금과 기름 등 다른 종류의 재물을 두고 싸움을 벌여왔다. 우리는 필요하지 않은 것들을 계속 쫓고 있다.

한마디로 탐욕스럽다. 경제 위기 때문이라고 핑계를 댄다. 사람들은 자신이 관리할 수 있는 것보다 더 많은 재물을 얻기 위해 악한 짓도 서슴지 않았다. 자신이 원하는 것과 필요를 혼동했고 태초부터 자원을 관리할 능력과 지혜를 가르쳐주시는 하나님으로부터 자신을 분리시켰다.

우선순위를 역행하면 자원을 잘못 관리하게 된다. 그렇게 되면 그것을 잃고 만다. 사실 우리는 늘 우리만의 경제적 위기를 발생시키고 있다. 그렇게 생각하지 않는가?

불안정한 금융 위기는 장식품이었던 자산을 팔 적기이다. 1만 달러를 지불하고 구입한 다이아몬드가 서랍에 있다. 지금 그것을 꺼내 유동자산으로 만들어 음식과 물을 사야할 때인지 모른다. 때로는 상식이 최고의 지혜를 제공한다. 지나치게 많은 것을 소유하는 것보다는 인생의 기초로 돌아가야 할 순간인도 모른다.

효과적인 관리의 위력

효과적인 관리의 위력은 효과적인 지배로 요약될 수 있다. 지배는 나쁜 뜻이 아니다. 당신이 무언가를 지배할 때 당신은 그것을 관리하고 있는 것이다. 당신은 지혜와 절제, 그리고 자기희생과 사랑으로 지배(관리)할 수 있다. 지배의 개념은 잔인한 무력이나 달갑지 않은 압력을 의미하지 않는다. 사실 만일 모든 사람이 올바르게 지배를 행사한다면 우리 모두는 충분한 자원을 가지게 될 것이다. 앞서 설명한대로 효과적인 자원은 더 많은 자원을 끌어 모은다.

지배는 소수의 사람이 책임을 지고 나머지 사람들은 복종해야 한다는 뜻이 아니다. 하나님께서 아담에게 "생육하고 번성하고 이 땅을 정복하라"고 하신 것은 아담과 그 후손들이 자원을 효과적으로 관리하는 데 요구되는 것이 무엇인지를 요약한 것이다.

하나님은 아담에게 이 땅을 차지할 다른 사람들을 정복하라고 말씀하신 게 아니다. 이는 부정적인 의미를 더할 뿐이다. 하나님은 아담에게 이 땅의 자원을 정복하라고 말씀하셨다. 우리는 아담의 후손이다. 우리도 동일한 과제를 부여받았다. 생육하라. 번성하라. 이 땅을 정복하라. 이는 '자원을 관리하라'는 뜻이다.

하나님은 전 인류를 향해 그리고 각 개인에게 과제, 즉 목적을 주셨다. 당신은 나만큼이나 필요한 역할이 있다. 우리 각자는 하나님 나라를 이 땅에 도래시키는데 필요한 역할이 있다.

창세기에서 뭐라고 하시는지 살펴보자.

> 하나님이 이르시되 우리의 형상을 따라 우리의 모양대로 우리가 사람을 만들고 그들로 바다의 물고기와 하늘의 새와 가축과 온 땅과 땅에 기는 모든 것을 다스리게 하자 하시고 시리아어 역본에는 온 땅의 짐승과 하나님이 자기 형상 곧 하나님의 형상대로 사람을 창조하시되 남자와 여자를 창조하시고 하나님이 그들에게 복을 주시며 하나님이 그들에게 이르시되 생육하고 번성하여 땅에 충만하라, 땅을 정복하라, 바다의 물고기와 하늘의 새와 땅에 움직이는 모든 생물을 다스리라 하시니라 하나님이 이르시되 내가 온 지면의 씨 맺는 모든 채소와 씨 가진 열매 맺는 모든 나무를 너희에게 주노니 너희의 먹을거리가 되리라 또 땅의 모든 짐승과 하늘의 모든 새와 생명이 있어 땅에 기는 모든 것에게는 내가 모든 푸른 풀을 먹을 거리로 주노라 하시니 그대로 되니라 하나님이 지으신 그 모든 것을 보시니 보시기에 심히 좋았더라 저녁이 되고 아침이 되니 이는 여섯째 날이니라(창 1:26-31).

하나님은 자신의 형상으로 사람을 창조하셨다. 하나님은 그들이 생존하고 번성하도록 자원을 창조하셨다. 하나님은 사람과 자원이 번성하여 이 땅을 채우길 원하셨다. 하나님은 이 땅의 문화가 하나님 나라의 문화를 반영하기를 원하셨다. 이는 사람들이 번영하기를 원하셨다는 뜻이다. 그들은 번영을 위해 하나님의 명령을 따라 생육하고, 번성하고 이 땅을 정복 혹은 지배해야 한다.

간단하지 않은가? 그러나 우리는 곧 낙담하게 된다. 세상의 모든 것이 심히 헝클어졌기 때문이다. 이를 회복하려면 어디부터 시작해야 할까? 온 사방이 위기이다. 혹은 위기가 발생한다. 종종 이러한 위기들은 다른 누군가에 의해 발생했어도 당신이 타인을(혹은 나라를, 혹은 인류문화를) 바꿀 수는 없다. 그렇지 않은가? 그러면 신경 쓸 필요 없는가?

당신은 과거를 되돌릴 수 없지만 당신의 인생은 그렇지 않다. 당신의 인생은 당신이 제공해야할 모든 것이다.

개인의 숙제

하나님이 당신에게 관리하고 지배하라고 하신 자원은 어떤 것이 있는가? 하나님이 인류에게 생산하고 재생산해야 할 목적을 주신 것처럼 당신에게도 주셨다.

당신은 아담처럼 정원 일, 농사, 혹은 식량을 모을 필요는 없다. 단지 하나님이 당신에게 주신 어떠한 천부적 혹은 영적 재능을 사용하면 된다. 그것이 당신의 사회 경력뿐만 아니라 당신의 인생 전체를 감쌀 것이다. 이는 타인과 함께 일해야 하는 협동 과제일 수도 있다. 그 사람이 없으면 당신의 목적을 달성할 수 없기 때문이다. 우리의 과제 대부분은 협동 과제이다.

당신에게 음악적 재능이 있다면 그것으로 무얼 하면 좋을지 하나님께 여쭤보라. 샤워할 때 혼자 흥얼거리기 아니면 그 재능을 CD에 담아 여러 사람이 듣길 원하시는가? 후배들을 가르치고 격려하길 원하시는가? 타인의 음악적 분투를 도와 이 땅을 음악으로 충만케 하기를 원하시는가?

당신이 이 땅을 지배해야 한다면, 당신의 자원과 재능을 사용하고 하나님의 도움으로 배가하고 나누어야 한다. 재화와 용역을 분배해야 한다. 당신의 재화를 창고에 (문자적으로나 비유적으로나) 쌓아둬서는 안 된다. 그러면 당신 그리고 당신의 재화를 받게 되는 사람들 모두가 죽게 될 것이다.

어떤 사업이든 가장 큰 부담은 재고품이다. 과다한 재고는 사업을 망하게 하는 것이다. 당신의 열매가 시장으로 가지 않고 축적되어 있는 것을 의미한다. 그것을 시장으로 보내는 것이 분배(배가)다. 그것을 효과적으로 분배하는 것은 시장을 정복하는 것과 같다. 당신이 시장을 정복한다면 그것을 통제하는 것이고, 이 땅의 한 모퉁이를 지배하는 것이다.

위기관리를 넘어서

그러므로 현재 위기 상황이든 혹은 위기에 대비하고 있든 자원을 절약하되 축적하지는 말라. 위기의 시기에 번창하는 비결은 가장 중요한 것을 하면서 가진 자원을 효과적으로 관리하는 것이다. 당신의 열매를 발견하고 그것을 배가시켜라. 하나님께 도움을 구하라. 매일 하나님의 인도하심을 의지하라. 그러면 위기가 닥쳐도 하나님이 공급해주시는 힘으로 관리할 수 있다.

만일 임무를 수행하다가 궤도에서 이탈했다면 회개하고 그 자리에서 다시 시작하라. 지나치게 많은 물건 혹은 책무가 쌓여서 무언가를 덜어내야 한다면 가능한 한 빨리 그 일을 하라. 당신의 전략을 바꾸어야 한다면 신속히 바꾸어라.

당신은 열심히 일해야 한다. 지금 바로 시작하라. 게으름을 피우지 말라. 강도 높은 실행력을 위안의 주된 목표로 삼지 말라. 지칠 것이다. 때론 상처도 받을 것이다. 육체적, 정서적, 영적 폭풍을 겪을 것이다. 당신의 고역과 땀의 일부는 위기에 대한 고역과 땀이 아니다. 그것은 당신의 평범한 삶에 맞는 것이다. 당신뿐만 아니라 모든 사람이 그러하다.

위기는 언제나 불편하니까 그 불편함에 대해서 염려하지 마라. 당신은 괜찮을 것이다. 지금도 하나님이 주관하신다. 하나님께서 아담에게 하신 말씀은 위기 한가운데서 당신에게 바로 적용된다. 생육하라. 번성하라. 이 땅을 정복하라. 전략이 바뀌어도 계속해서 나아가라.

위기관리를 넘어 그 한가운데서 번영하라! 당신의 위기는 곧 역사가 될 것이며 새로운 풍요의 시대로 들어가게 될 것이다.

직장의 위기:
직업을 초월하는
당신만의 일을 발견하라

08

8장
직장의 위기: 직업을 초월하는 당신만의 일을 발견하라

> 신앙의 시험은 그것이 우리가 비상사태에 대응하기에 적합한가에 있다.
> 한 사람의 성품은 위기의 순간에 가장 잘 나타난다.
>
> -랄프 W. 소크만

앞 장에서 나는 이 땅에서 하나님이 주신 목적이 어떻게 해서 관리인지, 또한 효과적인 관리는 우리의 일을 통해 어떻게 표현되는지 설명했다. 아담을 동산의 땅을 일구도록 부르셨듯이 하나님은 우리를 여러 가지 다른 방식으로 부르신다.

그러나 거룩히 위임받은 일과 소득을 얻는 직업 또는 경력을 혼돈하기 쉽다. 우리는 직업을 '일'이라 부른다. 우리는 "일하러 가야지" 혹은 "그건 일 끝난 후에 할 거야" 라고 말한다. 그리고 대개 직장을 잃으면 개인적 위기가 시작되었음을 의미한다. 그래서 우리는 이렇게 말한다. "나 일자리 잃었어."

얼마 전에 해고를 당했는가? 현재 일자리를 잃은 상태인가? 나는 당신이 '일자리를 잃은' 게 아님을 확신시켜 주고 싶다. 이

번 장에서 나는 당신이 직장과 일의 차이를 알 수 있도록 도와줄 것이다.

직업 VS 일

직업은 당신이 그렇게 하도록 훈련을 받은 것이다. 그 직업을 배우기 위해 학교를 다녔다. 직장에서 특정한 의무를 행하면 대가를 받는다. 하지만 당신도 알다시피 당신의 고용주는 언제나 그 특정한 업무를 행하도록 훈련받은 다른 사람을 찾을 수 있고 혹은 더 이상 필요 없다고 결정할 수도 있다. 쉽게 대체되거나, 해고될 수 있다. 당신이 몸 바쳐 일한 회사가 도산하여 당신과 동료 직원들 모두가 직장을 잃을 수 있다.

하지만 일은 다르다. 당신은 이를 위해 태어났다. 어떤 교육 체제도 당신에게 진정한 일을 가르쳐줄 수 없다. 그것은 당신의 인생 목적이고 하나님이 주신 재능으로 드러나기 때문이다. 어떠한 고용주도 빼앗을 수 없다. 누구도 해고하지 못한다. 고용주는 당신을 해고할 수 있지만, 본래의 당신이 되는 것을 막을 수는 없다. 직장을 떠날 때, 당신의 일을 가져라. 이는 당신이 타고난 목적이다. 어디에 가든 당신의 재능으로 다시 자라나게 할 수 있다. 당신은 당신의 직업 그 이상의 존재이다.

우리 모두는 직업에 대해 생각하고, 요구하는 조건들을 만족시키도록 노력해야 한다. 하지만 우리는 우리의 참된 일, 인생의 목적, 하나님이 주신 숙제에 대해 생각해 보아야 한다. 현재 직업을 구하고 있든, 고용되어 있든 상관없이 직장을 찾고 상사를 만족시키려고 노력한 시간만큼 자신을 찾는데 시간을 들여야 한다. 생각을 전환시켜라. 당신이 자신을 발견한다면 이 땅에 창조된 이유에 대한 새로운 관점을 얻게 될 것이다.

당신은 출근부에 도장을 찍기 위해 창조된 게 아니다. 그 일은 당신이 직장에서 일을 시작하고 끝내면서 하는 일일뿐이다. 당신은 하나님의 나라를 이 땅에 멋지게 도래시키도록 창조되었다. 왕이 당신을 창조하셨고 왕이 당신을 부르셨다. 하나님은 당신의 인생에 그분의 목적과 맞는 특별한 재능을 주셨다. 하나님은 당신의 목적을 발견하기를 원하신다.

어디를 가든, 무엇을 가졌든

하나님이 당신에게 주신 목적은 당신이 어디를 가더라도 이룰 수 있다. '일자리를 잃은' 순간에도 하나님의 은혜로 일할 수 있다. 하나님은 사람들을 움직이길 좋아하신다. 하나님은 여러 곳에 대표자를 두시는데, 여기에는 '실업 상태'를 포함해 수많은 일터와 직업의 범주가 포함된다. 그러니 당신의 일은 이 행성 위에서 살 동안 늘 현재진행형이다.

당신의 직업은 당신의 경력일 뿐이다. 일시적이다. 경력이 무너질 수 있다. 또한 평생 동안 다소간의 경력을 쌓을 수 있다. 그러나 당신의 일은 당신의 인생 과제이다. 그것을 잃을 수 없다. 그것을 발견하거나 시도하지 못해 약화될 수 있지만 타고난 그 과제를 절대 잃을 수 없다. 오랫동안 월급을 받은 직장은 빼앗길 수 있지만 당신이 타고난 재능과 인생의 목적은 빼앗길 수 없다.

당신은 타고난 게 있다. 얼마나 헤매고 돌아다녔는지는 문제되지 않는다. 태어날 때부터 가지고 있던 것을 여전히 가지고 있다. 학대를 당하거나 추방을 당해도 문제되지 않는다. 여전히 그것을 가지고 있을 테니 말이다. 그것은 닳지도 않고 사라지지도 않을 것이다. 아무도 당신의 인생 과제를 앗아갈 수 없다. 마치 새 한 마리를 쫓아낼 수 있지만 새가 나는 능력을 빼앗지 못하는 것과 같다.

모든 사람은 이 세상에 빈손으로 태어났다. 평면 스크린 TV를 가지고 태어나지 않았다. 몸에 실오라기 하나 걸치지 않고 태어났다. 전기 주전자도 없었다. (불을 붙일 돌 세 개와 지저분한 냄비 하나를 가지고 태어난 것도 아니다.) 만약 하나님이 당신의 모든 것을 앗아가시는 것 같다면-직업뿐만 아니라 소유와 생활 조건 모두-그는 당신이 진정 누구인지를 발견하도록 하나하나 비우시는 것이다.

당신은 무엇을 가지고 태어났는가? 무엇을 달성하기 위해 창조되었는가? 하나님은 당신을 위해 어떤 일을 하고 계신가? 하하님은 당신에게 올바른 '것들'과 자원들을 다시 공급하여 인생의 일을 시작하도록 하실 것이다.

당신은 특정한 기술로 직업에 대한 일정한 자격을 갖추었다. 타고난 적성도 끊임없이 계발해야 한다. 당신은 생계를 걱정하지 않아도 될지 모른다. 수년간 동일한 직장에서 아주 안정적일 수 있다. 그러나 경제 위기 속에서 당신의 특별한 기술도 완전히 무용지물이 될 수 있다. 위기는 당신이 얼마나 오랫동안 근무했느냐와 상관없다.

간단한 예를 들어보자. 당신은 실력 있는 목수다. 하지만 경기침체로 공사가 줄어 고용해주는 사람이 없다. 그래서 당신의 기술은 무용지물이 돼 버린다. 당신은 그런 일은 절대 일어나지 않을 거라고 생각했다. 그러나 정반대의 일이 발생했다. 목수 말고 다른 것을 찾아봐야 한다. 또는 당신은 휴양지 호텔의 바텐더다. 바하마에 호텔과 술집이 넘쳐나기 때문에 직장을 잃을 거라고는 생각도 못했다. 그러나 당신의 호텔은 문을 닫고 다른 호텔들도 당신을 고용하지 않는다면? 별안간 당신은 다른 무언가를 배워야 할 것이다.

아마 당신은 '나는 퇴직했으니까 나와 상관없는 일'이라고 생각할지 모른다. 더 이상 직업을 찾고 유지하는 데 염려할 필요가 없으니 말이다. 그러나 당신이 직장에서 은퇴했어도 일에서 은퇴한 것은 아니다. 당신은 직장에서 물러날 수 있지만 일에서는 그럴 수 없다. 당신은 그것을 이루기 위해 태어났고 과업을 완성하는 데는 일평생 걸릴 것이기 때문이다. 당신은 일에서 물러나서는 안 된다. 새가 창공을 나는 것을 그만두었다는 말을 들어본 적이 있는가?

일과 직업을 혼동하지 마라

　당신은 인생의 여러 가지 직업을 잃을 수 있다. 이미 여러 번의 경험으로 지금도 직업에 대한 확신이 없을 수 있다. 그렇다고 해서 직업이 당신의 인생이 되도록 내버려두어선 안 된다. 직업을 잃으면 인생의 목적을 잃어버리는 꼴이 되기 때문이다. 당신은 그러한 결과를 바라지 않을 것이다.

　당신의 일을 살펴보면 참 목적을 발견할 것이다. 당신이 사진사라고 가정해보자. 사람들은 당신을 향해 "재능 있는 사진사에요"라고 말한다. 이는 사진촬영이 하나님이 당신에게 주신 선물, 당신의 참된 일임을 의미하는가? 꼭 그런 것은 아니다. 그러나 심미안은 그렇다. 아름다움을 인지하고 그것을 타인에게 전할 수 있는 재능이 사진사라는 직업을 뒷받침하는 것이다. 당신의 재능은 다른 방식으로도 표현될 수 있다.

　간호사인가? 간호가 당신의 재능인가? 글쎄, 간호사가 당신의 직업이지만 직업적 능력 그 이면에 긍휼과 봉사라는 재능을 찾을 수 있을 것이다. 당신이 간호사가 되지 않고 전 생애를 성실한 부모와 조부모가 되는데 바쳤다면 어땠을까? 그 재능을 동일하게 표출했을 것이다. 당신의 일은 타인을 향한 사랑과 긍휼어린 봉사이다.

핵심은 이렇다. 당신의 일과 당신의 직업을 절대 혼돈하지 마라. 직업적인 환경에 상관없이 당신의 진짜 일을 갈고 닦아라. 직업은 일시적이나 일은 영원하다.

아래에 내가 위에서 제시했던 것을 요약해보았다.

1. 직업은 하도록 훈련받은 것이나 일은 하기 위해 태어난 것이다.
2. 직업은 경력이지만 일은 일생의 과제이다.
3. 직업은 기술이지만 일은 재능이다.
4. 직업은 해고당하지만 일은 절대 그럴 수 없다.
5. 직업은 은퇴하지만 일은 절대 그럴 수 없다.
6. 직업은 일시적이지만 일은 영원하다.

직업+일

그렇다고 해서 직업과 일이 전혀 관련 없는 것은 아니다. 사실 많은 경우 당신의 직업이 당신의 일을 준비시켜 준다. 나는 살면서 많은 직업을 가졌는데 그 직업들은 지금도 나에게 유익을 주고 있다. 재능을 갈고 닦기 위해서는 당신의 모든 직업들을 사용해야 한다. 그리고 나면 한 직업에서 물러날 때쯤 당신에게 소중한 선물이 생길 것이다.

모세가 그의 직업에서 어떻게 물러났는지 기억하는가? 모세는 왕자였다. 이집트 최고 경영자였다. 그는 바로의 집에서 자랐기에 하나님은 모세가 그 직업에 머물러 있기를 원하셨다고 생각했는지 모른다. 그러나 그는 하루아침에 도망자가 되었다. 미디안 광야로 도망가 그곳에서 결혼하고 장인의 양떼를 돌보는 직업을 가지게 되었다. 이는 아주 뜻밖의 장소에서의 아주 뜻밖의 직업이다.(전체 이야기는 출 2-3장을 보라).

그 직업은 모세의 사명을 위해 어떻게 준비시켰는가? 그는 목자로서 일하는 법을 배웠고, 이스라엘 백성들을 광야에서 가나안으로 인도하는데 꼭 필요한 능력이었다. 하나님은 모세가 날 때부터 그 일을 해야 할 것을 알고 계셨다. 한 가지 차이점은 양떼가 아니라 사람들을 이끌고 광야를 통과해야 한다는 것이었다. 모세는 수년동안 장인의 양떼를 돌보면서 다루기 힘든 종자들을 조직화하고 이끄는 법, 광야 환경에 대처하는 법, 물과 음식을 찾는 법 등을 배웠다. 모세의 직업은 이스라엘 백성을 하나님이 약속하신 땅으로 인도하도록 준비시켜 주었다.

때론 당신의 일이 당신의 직업을 나타낸다. 나의 일과 직업에 대한 생각은 이러하다. 나는 리더십을 가르치고 전함으로 하나님의 나라를 전파하는 일을 한다. 나는 14살이었을 무렵 이 재능을 발견했다. 하나님 나라 안에서 내 존재 가치를 발견했다. 그래서 성인기에도 혼란스럽지 않았다 "인생아, 너는 나를 필요로 하지. 나는 변화를 일으키기 위해 태어났다." 나는 1980년

대부터 국제적인 사역을 감당하고 있다. 나의 재능과 직업은 서로를 보완하고 향상시켜 준다.

구약에서 우리는 요셉의 재능이 어떻게 그의 직업을 일으켰는지를 본다. 바로는 요셉에게 질문한다. "너는 어떻게 꿈을 해석하느냐?" 요셉은 하나님이 자신에게 주신 재능 때문이라고 대답했다(창 41장 참조). 바로는 지혜로 꿈을 해석하는 이 재능에 대해 아주 고마워하며 요셉에게 전 나라를 맡겼다. 이것이 바로 하나님이 주신 재능으로 직업을 가지게 된 극명한 예이다.

당신의 일은 직업으로부터 당신을 보호해준다. 내 말은 당신이 하나님으로부터 재능을 발견하면 그것이 무엇이든 당신은 영원히 소중해진다는 것이다. 이제 당신은 경기침체 따위에 무너지지 않을 일이 있다-당신의 목적을 이루는 것. 아무도 그것을 당신에게서 앗아갈 수 없다. 당신의 재능은 인류를 위해 주어진 것이다. 당신은 영원토록 존귀하다. 하나님은 당신이 직업에 의존하지 않고 당신의 재능을 활용하길 원하신다.

어떤 직업도 미래는 없다. 미래는 당신의 직업(그리고 당신)을 쥐고 계시는 분 안에 있다. 당신의 재능을 발견하라. 아무도 당신에게서 그것을 빼앗을 수 없다.

당신의 미래는 당신의 일에 있다. 당신의 직업을 넘어서 생각하라.

일의 위력

당신은 단순히 생계를 이어가기 위해서 태어난 게 아니다. 이 세상에 변화를 일으키기 위해 태어났다. 세상은 당신을 필요로 한다. 이웃은 당신을 필요로 한다—그리고 당신에게도 이웃이 필요하다. 당신은 자신의 목적이 아직 무엇인지 모를 수 있지만 그것은 존재한다. 하나님은 아신다. 하나님은 당신에게 보여주길 원하신다.

당신의 인생의 목적이 지금 당장은 씨앗의 형태로 보일지 모르나 6장에서 말한 것을 기억한다면 당신의 일이 바로 씨앗임을 깨달을 것이다. 당신의 일이 씨앗이며, 당신의 씨앗이 일이다. 재능을 심으면 일 안에서 성장하기 시작한다. 그리고 번식시킨다. 작은 씨앗 하나에는 엄청난 열매를 맺을 나무가 되는 능력이 들어있다.

나는 펜실베이니아 주 마운트 에어리에서 열린 컨퍼런스에서 한 여성을 만났다. 그녀는 호텔의 청소부였는데 내 강의 시간에 앉아 있었다. 그녀는 자신의 재능을 발견하고 잠재력을 따라 살라는 내 강의를 들었다. 다음 날 그녀가 나를 찾아와서 말했다. "당신이 오늘 저의 재능을 일깨워 주었습니다."

그리고 다음 날, 그녀는 자신이 직접 구운 쿠키를 가지고 다시 찾아왔다. 쿠키를 건네면서 말했다. "이게 제 재능이에요." 나는 호텔방으로 돌아와 하나를 집어 맛을 보았다. 놀라운 경험이었다. 신발을 벗어던지고 춤이라도 추고 싶은 심정이었다! 쿠키에 무얼 집어넣었는지 모르겠는데 그야말로 환상적인 맛이었다. 나는 저녁 강의 시간 때 그녀를 발견하고 말했다.

"부인, 이것이 당신의 재능입니다. 당신은 침대를 정리하는 호텔 종업원이 아니에요. 쿠키를 만드는 사람입니다. 이제 이 재능을 사용해야 합니다." 나는 쿠키를 구워 가족과 친구들에게 무료로 나누어주고 어떤 일이 일어나는지 보라고 조언해주었다.

나는 1년 후 다시 컨퍼런스를 위해 마운트 에어리를 찾았다. 그곳에는 많은 사람들이 있었지만 특별한 여성 한 명이 유독 눈에 띄었다. 그녀는 아름다운 숙녀복을 입고 있었는데 마치 백만장자 같아 보였다. 심지어 내가 그녀를 먼저 알아보지 못할 정도였는데 다시 보니 그녀가 맞았다. "저를 기억하시겠어요? 작년에 만났던… 저는 쿠키 부인이랍니다."

내가 말했다. "이런! 쿠키가 좀더 있나요?" 그녀는 나에게 예쁜 이름이 적힌 예쁜 가방을 내밀었다. 그 안에는 셀로판 종이로 싼 쿠키들이 들어 있었다. 하나하나 예쁜 라벨과 함께. 그녀가 나에게 그간의 이야기를 들려주었다.

"목사님이 가시고 난 후 쿠키를 구워 무료로 나눠주기 시작했어요. 수요가 생기기 시작했어요. 가족들이 파티용 쿠키를 주문하고 호텔에서 일했던 동료들도 주문해 주더라고요. 그러다가 매주 수백 개의 쿠키를 만들게 되었어요."

"이제는 쿠키 공장을 운영하고 있어요. 직원이 백 명도 넘어요. 도시의 여러 매장에서 쿠키가 팔리기 시작하더니 심지어 서

점에서도 팔리고 있답니다. 저는 더 이상 호텔 종업원이 아니에요."

나는 그녀에게 입맞춤을 하고 가방을 들고 호텔방으로 돌아왔다. 쿠키를 먹고 싶어 안달이 날 지경이었다. 가방을 열자 입을 다문 봉투가 하나 보였다. 그것을 열어보았다. 작은 감사 메모와 1만 달러가 들어 있었다. 그녀는 말했다. "제 안에 있던 쿠키를 만드는 재능을 일깨워 주셔서 너무나 감사합니다."

우리에겐 '쿠키 부인들'이 더욱더 필요하다. 재능을 일깨우는 위력이 보여주는 참으로 놀라운 간증이지 않는가.

직업의 위기를 극복하는 하늘의 열쇠

이 책의 핵심은 모든 위기를 극복하자는 것이다. 하나님 나라의 관점으로 삶의 모든 위기를 극복하고 새로운 수준으로 성숙하고 성장할 수 있도록 하려는 것이다. 직업의 위기는 다음과 같은 위기에 대한 정의와 꼭 들어맞는다.

위기란 당신의 환경에 영향을 미치는 사건, 환경, 혹은 상황으로 당신이 직접적으로 통제하지도 책임지지도 못하는 것이다.

당신은 직업의 위기 가운데 상황을 바꿀 수 없다. 어찌됐든 직업을 잃었고 다시 회복할 수가 없다. 대부분 갑작스럽게 일어난다. 평소처럼 출근을 했다. 그것이 당신의 직업이니까. 그런데 상사가 당신을 부르더니 별안간 내일부터 출근하지 말라고 한다. 설사 그 일이 다가오는 걸 볼 수 있어도 충격은 마찬가지이다. 당신은 직업을 잃는 일에 대비를 절대 잘할 수 없다.

당신은 상사와 그 이야기를 나눈 후의 결과를 통제하지 못한다. 직업을 되돌려 달라고 애걸복걸할 수 없다. 그렇게 해도 고용주의 마음은 이미 단호하다. 더 이상 그 곳에서 일할 수 없다. 그것뿐이다.

그러나 당신의 생각과 인식은 통제할 수 있다. 언제나 마음속에서 일어나는 것은 통제 가능하다. 상황을 평가하고 그에 대한 해결책을 강구할 수 있다. 하나님 나라의 사고방식을 적용할 수 있다. 하나님 나라의 사고방식은 직업의 위기에서 당신을 즉시 분리시켜줄 것이다.

하나님 나라의 사고방식은 직업을 초월한 일을 찾도록 도와줄 것이다. 하나님 나라의 정신으로 무엇을 할 것인지에 대해 현명한 결정을 내릴 수 있다. 공포에 질리지 않고 낙담하지도 않을 것이다.

하나님 나라의 정신으로 숲을 볼 수 있을 것이다. 수백 명의 사람들이 해고를 당해도, 경제가 흔들려도, 당신은 하나님을 굳게 붙들 것이다. 하나님께서 당신을 굳게 붙드시기 때문이다. 하나님이 당신을 이 상황 가운데 두셨지만 실업자 대열에 세우시기 위함이 아님을 깨달을 것이다. 이는 단지 일시적이다. 당신의 영원성은 하나님께 있으며 하나님은 흔들릴 수 없는 반석이시다. 하나님 안에서 안전하라. 당신은 직업을 초월한 참된 일에 초점을 맞출 수 있을 것이다.

국가적 불경기

당신이 하나님 나라의 정신을 가지고 있다면 온 나라가 경제적 불황이라도 우울해할 필요 없다. 경제적 불황은 집단 우울증을 일으킨다. 한 나라의 정신을 부정적인 것으로 바꾸어 버린다. 경제에 미치는 영향보다 훨씬 더 악한 것이다.

경제적 불황은 절망을 유발한다. 사람들은 소망을 잃는다. 자신보다 훨씬 더 큰 사건들을 통제하지 못해 자포자기하게 된다. 절망하게 된다. 생활은 엉망이 된다. 그들의 물질적 재화를 공급하는 은행이나 회사로 인해 삶이 무너진다. 사람들은 바닥을 치게 된다. 최후의 선택으로 자살을 생각하기도 한다.

위기가 중첩되어 가정 폭력, 이혼, 유기, 학대, 범죄가 증가한다. 사람들은 자신의 상황을 제어할 수 없어 불안하고 절망적인 상태에서 서로에게 상처를 입히기 시작한다. 불법과 부정으로 돈을 벌려고 한다. 중대한 위기는 파급효과가 있다.

모든 것이 두려워진다. 문을 잠그고 자신에게 남은 것을 지키려 한다. 위협을 느낀다. 때로는 폭력으로 자신을 보호한다.

사람들은 위기 앞에 절망을 느낀다. 그들은 허리케인이나 토네이도에 휩싸인 기분을 느낀다. 이제 무엇을 할 수 있는가? 위기는 그들의 통제 밖의 일이다. 위기를 일으킨 건 그들이 아니다. 만들어낸 것도 아니다. 거대한 폭풍이 닥쳤고 그들은 그것을 멈출 수가 없다. 그들의 세상은 통제 불능이다.

반응의 능력

당신은 폭풍 속으로 흡수될 필요가 없다. 국가 전체가 위기 상황이어도 할 수 있는 게 한 가지 있다. 반응의 능력. 하나님의 관점에서 그 상황을 보기로 선택할 수 있다. 하나님께서 무엇을 해야 할지 알도록 도와주실 것을 믿으며 매달릴 수 있다.

당신은 언제나 마음을 통제할 수 있다. 일어나는 일에 대한 인식을 통제할 수 있다. 허리케인이나 토네이도 혹은 당신을 휩쓸어버릴 만한 위기를 통제할 수 없어도 그것을 어떻게 생각할지는 통제할 수 있다.

당신의 인식이 가장 중요하다. 당신이 사물을 어떻게 인지하느냐가 당신의 반응을 결정한다. 당신은 이런 말을 여러 번 들었을 것이다. "작은 것을 과장해서 허풍떨지 마라." 이는 모두 인식의 문제이다.

우리는 상황 그 자체로 인한 행동보다 상황에 대한 우리의 생각에 더 영향을 받는다. 중요한 것은 당신에게 일어난 일이 아니다. 일어난 상황에 대한 당신이 행하는 행동이다. 그리고 그것에 대한 당신의 생각에 달려있다.

다시 말해 당신의 반응이 당신의 경험보다 더 중요하다. 당신의 반응이 하나님 나라의 정신에 따라 형성되는 게 굉장히 중요하다. 하나님 나라의 정신을 소유한 사람들이 많을수록 공동체와 나라가 그 선한 영향을 받을 수 있다.

당신은 이미 상황을 알고 있다. 폭풍이 닥쳐 그 해악이 눈에 훤하다. 아무 것도 하지 않는 것은 선택이 아니다. 그저 앉아서 이 위기가 지나가기를 기다릴 수 없다. 직업을 잃었다면 다른 소득원을 찾아봐야 한다. 온 나라가 경제 불황을 겪고 있다면 가족을 부양할 다른 방법을 찾아야 한다.

공짜를 기대하지 말라. 누군가가 당신에게 해결책을 제시해 주기를 기다리지 말라. 집에 앉아 기도하면서 하나님이 지붕에서 보호막을 떨어뜨려주시길 기대하지 말라. 거기에서 벗어나 무언가를 시작하라. 당신이 하나님 나라의 일부라면 주도적이어야 한다. 소모하는 자(consumer)가 되기를 그만두고 추정하는 자(presumer)가 되라. 희생자가 되지 말고 승리를 부르는 사람이 되라.

아무 것도 하지 않는 것은 선택권이 아니다. 그러므로 당신은 반응해야 한다. 그것도 효과적으로 해야 한다.

생각과 말의 위력

위기 속에서 통제 가능한 생각을 주의할 필요가 있다. 생각을 제어하는 것은 날뛰는 말에 마구를 채우는 것만큼 어려운 일이지만 그렇다고 해서 방치해서는 안 된다. 위기를 극복하려면 위기 상황에 대한 인식을 제어해야 한다.

제어된 인식은 현실 부정이 아니라 현실에 대한 반응을 통제하는 것이다. 사건은 일어나기 마련이다. 사건에 대한 반응은 그것이 당신에게 어떤 의미이냐에 따라 제어되고 결정된다.

당신은 새 신발을 '신발'이라 부르는데 내가 '죽은 소'라고 한다면 상당히 다른 이름을 붙인 셈이다. 나의 반응은 모욕적으로 들릴 것이다. 부정적이며 어느 정도 충격을 불러일으킨다. 그런 것 따위는 내 발에 씌우지 않을 거라고 말하는 것 같다. 이처럼 간단한 말 한마디에서 파급되는 위력은 굉장히 크다.

성경에서 나사로의 이야기는 인식의 위력을 보여준다(요 11, 12장 참조). 나사로의 병은 나사로 자신뿐만 아니라 누이와 친구들에게 위기였다.

예수님은 나사로와 가장 친한 친구 중 한명이셨는데 나사로가 아파 쓰러졌을 때 예수님은 제자들과 함께 시골 어딘가에 계셨다. 나사로의 누이인 마르다와 마리아는 예수님에게 여러 번 사람을 보내어 이야기했다. 이야기 속에서 예수님은 그들의 메시지를 계속해서 부인하고 있음을 발견한다.

그들이 "나사로가 아픕니다"라고 할 때 예수님은 이렇게 응답하셨다. "이 병은 죽을 병이 아니다."

"나사로가 악화 되었습니다"라고 하면 예수님은 "그는 괜찮아질 것이다" 라고 말씀하셨다.

그리고 "나사로가 죽어가고 있습니다"라고 메시지를 보냈을 때, "걱정하지 마라. 그는 나을 것이다."

마지막으로 "나사로가 죽었습니다" 라고 했을 때, 예수님은 이렇게 응답하셨다. "그는 죽은 게 아니다. 잠들었을 뿐이다."

예수님은 현실을 모르고 계셨는가? 아니, 오히려 그 반대다. 예수님은 그 누구보다도 더 현실적으로 상황을 표현하고 계셨다. 만일 당신이 나사로가 죽었다고 말한다면 이제 다 끝난 것이라고, 아무도 그를 살릴 수 없을 것이라고 말하는 격이다. 하지만 당신이 그는 "잠을 자고 있다" 고 말한다면 상황에 대한 반응을 바꾼 게 된다. 이제 이렇게 말하면 된다. "자, 그를 깨우러 가자."

직장을 잃은 것도 동일하게 적용될 수 있다. 만일 당신이 자신을 실업자라고 생각하고 인생을 조정할 수 없는 절망적인 패배자로 생각한다면 당신은 포기하게 될 것이다. 하지만 당신이 위기를 '기회'가 들어있는 단어로 보는 사람에 가깝다면 자신을 '아직 고용되지 않은' 상태일 뿐이라고 생각할 것이다. 다시 말해 당신은 다음 기회를 찾게 될 것이다.

당신의 인식과 반응을 통제하라는 것은 현실을 부정하라는 게 결코 아니다. 상황이 당신을 이용하도록 내버려두지 말아야 한다. 상황 뒤에 숨은 더 깊은 현실을 찾아야 한다.

나는 지금 경제적 위기를 존재하지 않고 진짜 직업과 집을 잃는 것이 아니라고 말하라는 게 아니다. 실은 나쁜 일을 좋은 것으로 말하라는 것도 아니다. 나는 사실에 대한 해석을 다르게 할 수 있음을 말하고 있는 것이다. 나는 다른 문화, 하나님 나라 출신이다. 하나님 나라의 문화에서 "자, 그를 깨우러 가자" 라고 말할 수 있다.

말의 능력

말의 능력을 과소평가 하지 말라. 잠언은 말에 대한 하나님 말씀의 풍요로운 근원이다. 이 말씀을 생각해보라. "죽고 사는 것이 혀의 힘에 달렸나니 혀를 쓰기 좋아하는 자는 혀의 열매를 먹으리라." 이에 대한 메시지(Message) 성경 버전을 보자. "말은 죽이기도 살리기도 한다. 그것은 독이기도 하고 열매이기도 하다-당신이 선택하라."

다시 말해 모든 것이 실패로 끝나도 삶과 죽음에 대해 가장 큰 힘을 가지고 있는 것은 인간의 혀, 말이다. 만일 "오, 주님 이달 말까지 제가 어떻게 해결하죠?"라고 말한다면 당신은 그 말의 열매를 먹을 것이다. 당신은 소망과 믿음에 죽음의 말을 뱉었다. 하지만 생명의 말을 택할 수 있다. "오, 주님 당신께서 제가 이달 말까지 해결을 하도록 도와주실 것을 저는 알고 있습니다."

죽음과 생명은 상황이나 환경에 있는 게 아니다. 사건 혹은 위기 속에 있는 것도 아니다. 죽음과 생명은 상황에 대한 당신의 말에 있다.

또 다른 잠언은 이러하다.

"악인은 입으로 그의 이웃을 망하게 하여도 의인은 그의 지식으로 말미암아 구원을 얻느니라"(잠 11:9).

이 진리를 받아들여 실업에 적용시키라. 당신의 이웃에게 다음과 같은 말을 던지지 말라. "이런, 사람들이 모두 해고당하고 있네요. 당신도 빠져나갈 구멍이 없을 테니 조심하는 게 좋을 거예요. 당신도 해고당할 거니까요. 모두가 힘들어지겠죠. 경기 침체에 살아남지 못할지도 몰라요. 집과 자동차, 개, 그리고 CD 플레이어도 잃을지도 몰라요…." 대신 이렇게 말하라. "힘든 시기를 겪고 계시다는 거 저도 잘 알고 있습니다. 하지만 지나고 나면 지금보다 더 강해지실 거예요. 가족들도 모두 괜찮아질 거예요. 더 풍요로워지고 용기 있는 인생이 될 거예요. 당신은 성공할 겁니다." 이웃에게 말하라. "시험 후에는 생명이 있습니다. 우리 그 시험 반대편에서 만나기로 해요!"

말에는 큰 권세가 있다. 잠언 기자는 계속해서 말한다.

성읍은 정직한 자의 축복으로 인하여 진흥하고 악한 자의 입으로 말미암아

무너지느니라 지혜 없는 자는 그의 이웃을 멸시하나 명철한 자는 잠잠하느니라(잠 11:11-12).

당신은 잠언 11장 9절에 나오는 의인들 중의 한 명이다. 당신은 잠언 11장 11절의 정직한 자들 중의 하나이며 하나님 나라의 백성이다. 이는 이 땅의 평범한 사람들이 가지고 있지 않은 특별한 지식을 소유했다는 의미이다. 위기의 시기는 신실한 지식의 말씀을 선포해야 하는 때이다. 당신의 구세주께서 세상을 이기셨으니 당신도 반드시 이 위기를 극복할 것이다.

관점을 조정하라. 당신은 하나님 나라 소속으로 이 땅에 살지만 당신 안에서 통치하시는 왕의 지배를 받고 있다. 그러므로 그분의 인식이 다른 외부의 인식을 압도할 수 있다.

당신은-매번 위기가 지나간 후에 꼭 일어나는 일이다. 눈치를 챘는가?-성경 속의 인물들처럼 될 수 있다. 다니엘은 정부의 차관이었다. 그가 사자 굴에서 살아난 후 왕은 그를 총독으로 임명하였다. 이는 부총리와 같은 직위이다. 요셉은 감옥에 갇힌 노예이지만 교도관 보조로 일했다. 그리고 바로의 꿈을 해석한 후에는 나라 전체를 다스리는 총리가 되었다.

하나님께 구했는가? 현재의 위기는 당신의 기도에 대한 하나님의 응답 계획일 수 있다. 그것에 예스라고 하라. 속상해 하지 말라. 평안하고 왕에 대한 믿음을 잃지 말라. 문제를 해결해 주시기를 왕에게 구하라. 믿음으로 충만한 말을 하라.

말씀을 굳게 붙들라.

"약한 자도 이르기를 나는 강하다 할지어다"(욜 3:10).

약한 사람은 강하다고 느껴야 한다고 말하는 게 아니다. 하나님은 약한 자에게 위기 속에서 "나는 강하다" 외치라고 말씀하신 것이다.

위기는 창의력의 근원이다

위기는 새롭고 예정에 없던 상황에 반응을 요구하는 환경의 변화일 뿐이다. 이것이 위기를 창의력의 근원이라고 말하는 이유 중 하나이다.

어떠한 상황에 당신은 반응을 하게 된다. 당신은 자신의 생각과 인식, 반응을 통제할 수 있다. 위기에 대해 하나님 나라의 사고방식을 취한다면 두려움에 휩싸이지 않을 것이다. 완전히 새로운 것을 떠올리는 자신을 발견하게 될 것이다. 아무도 생각하지 못하는 전략과 그 이상의 반응들을 생각하게 될 것이다.

한 가지 사례를 들어보자. 사도 바울이 로마인들에게 보내는 편지에 이런 글귀가 나온다.

"우리가 알거니와 하나님을 사랑하는 자 곧 그의 뜻대로 부르심을 입은 자들에게는 모든 것이 합력하여 선을 이루느니라"(롬 8:28).

이런 관점을 가진 사람을 어떻게 실망시키겠는가? 하나님은 사랑하는 자들을 위하여 어떤 끔찍한 일도 하신다고 그는 믿는다. 바울은 위기에 통달한 사람이었다. 그는 몇 번이나 마을에서 쫓겨나고, 추방되고, 파선하고, 돌에 맞고 했는지 셀 수 없다. 그러나 그는 하나님께서 모든 상황을 통해 역사하신다는 인식을 놓지 않았다.

바울은 사도라서, 특별히 거룩하고 선한 사람이라서 그런 것인가? 아니다. 단지 그는 하나님을 사랑하고 하나님의 목적에 따라 자신을 부르셨음을 알았다. 그것뿐이었다. 바울은 하나님 나라의 정신을 가지고 있었다.

바울은 하나님 나라의 문화를 이 땅에 전파하는 부르심이 있음을 알았다. 그를 보내신 분은 일련의 위기를 포함하여 모든 것을 통제하고 계신다. 그러니 하나님이 위기의 크기와 상관없이 계획을 이루실 것을 믿지 못할 이유가 어디 있겠는가?

바울은 위기를 다루는 방법에 대한 하나님의 창의적 제안에 열려있기만 하면 된다는 것을 알았다. 사람들이 당신을 죽이려 하는가? 아마 당신은 바구니를 통해 성벽을 타고 탈출할 수 있을 것이다(행 9:23-25). 당신의 대적들이 풀무불에 넣으려 하는가? 사드락, 메삭, 아벳느고처럼 불에 타지 않을 것이다(단 3장 참조). 당신과 민족이 멸절의 위기에 놓였는가? 에스더에게 하신 것처럼 놀라운 용기와 통찰력 있는 전략을 주실 것이다(에스더 참조).

당신이 하나님 나라 안에 있다면 십자가형도 승리로 변할 것이다. 위기에 대한 하나님 나라의 사고방식을 온전히 취하라. 당신 앞에 놓인 위기를 극복하는데 유익할 것이다.

상승과 하락

최근 아내와 나는 플로리다 주 올랜도의 상류층 동네에 사는 친구 집에서 저녁식사를 했다. 이 마을은 집값이 5십만 달러에서 약 2백만 달러로 치솟을 정도로 부자 동네가 되었다.

그런데 놀랍게도 친구는 이 동네도 현재의 경제 위기에서 벗어나지 못했다고 말해주었다. 실제 사방에서 사람들이 자신의 집을 유질처분하고 있었다. 그가 말했다. "이들 중에 대다수는 주식시장 포트폴리오가 하루아침에 폭락해서 백만장자에서 극빈자가 되었지."

나는 말했다. "그럴 리가 없어."

저녁을 먹은 후 친구와 나는 주변을 둘러보았다. 우리는 '매매합니다' 라는 표지를 발견할 수 있었다. 하나, 둘, 셋, 넷…. 집들은 텅 비어 있었다. 사람들이 떠나고 재산도 사라졌다.

당신이 2백만 달러짜리 대저택에서 좁아터진 아파트로 이사 오게 된 이유를 다섯 살 된 자녀에게 어떻게 설명할 것인가? 이는 크나큰 위기이다.

우리 모두는 인생에서 상승할 때가 있다. 누구는 올라가고 누구는 내려온다. 당신은 언제나 이동 중이다. 아무도 고정되지 않는다. 당신의 상황에 진정한 안정이란 절대 없다. 전혀 없다. 당신이 박사학위와 종신 재직권을 가지고 있는 교수조합의 일원이라 할지라도 그 직업을 잃을 수 있다. 수백만 달러를 가지고 있어도 그것을 쉽사리 잃을 수 있다.

인생의 에스컬레이터를 탈 때 한 쪽 눈은 에스컬레이터를 보고 다른 한 쪽 눈은 하나님께 고정해야 한다. 세상에 의존하기보다 하나님 나라 백성의 내면의 계시로 당신의 기대를 옮겨라. 계속 움직여라. 계속 성장하라. 당신은 하나님 나라로 가는 에스컬레이터를 타고 있다.

9장

하나님 나라의 부르심

하나님 나라의 부르심

위기를 견뎌낼 힘이 없다면 그 안에 깃든 기회를 보지 못할 것이다.
인내의 과정 속에서 기회는 모습을 드러낸다.

-친닝 츄

    화려한 경력이 삶의 목표가 되어선 안 된다. 우리 삶의 목표는 좋은 직업을 초월한 성공적인 부르심이 되어야 한다. 무슨 의미인가? 부르심(deployment)과 직장(employment)을 살펴보자. 두 단어는 관련이 있지만 같지는 않다.

    하나님 나라 백성으로 당신의 직장-당신의 직업, 월급이 나오는 곳-은 하나님이 당신에게 주신 재능을 사용하고 봉사할 기회를 준 곳이다. 실제 당신의 직장은 클 수도 작을 수도 있다. 직업에 대한 설명은 직장에서의 위치를 넘어선 것일 수도 아닐 수도 있다. 대부분 당신의 영향력은 직장 내 환경에 의해 비교적 제한될 것이다.

    그러나 하나님 나라의 백성으로 부르심을 받았다는 것은 자신의 재능으로 봉사할 수 있음을 의미한다. 궁극적으로 당신은 가장 큰 '조직'인 하나님 나라를 섬기고 있는 것이다. 당신이 일하고 봉사하는 것은 단순히 월급을 받고 지역 경제를 원활히 하는 임무 그 이상이다. 당신의 일과 섬김은 하나님과 당신의 관계로부터 나오며 그분의 바람에 순종하고 있는 것이다. 당신은 하나님이 공급하시는 에너지와 다른 자원들을 의지할 수 있기 때문에 당신의 일을 할 수 있는 것이다.

부르심은 당신이 타고난 재능을 세상에 나눠 주는 것이다. 부르심을 받아 재능으로 섬기는 것이다. 하나님 나라의 백성으로 부르심을 받은 당신은 노동의 결과가 영원한 의미를 지닐 것을 확신할 수 있다. 당신의 일은 소중하며 일이 맺은 결과는 영원히 남을 것이다. 예수님은 하나님 나라의 부르심에 대해 이렇게 말씀하셨다.

> 내 안에 거하라 나도 너희 안에 거하리라 가지가 포도나무에 붙어 있지 아니하면 스스로 열매를 맺을 수 없음 같이 너희도 내 안에 있지 아니하면 그러하리라 나는 포도나무요 너희는 가지라 그가 내 안에, 내가 그 안에 거하면 사람이 열매를 많이 맺나니 나를 떠나서는 너희가 아무 것도 할 수 없음이라(요 15:4-5).

부르심을 받은 사람은 다른 병사들과 함께 전투대형 안에서 쓰임받을 준비가 된 사람이다. 그의 재능은 자신의 자리에서 가장 잘 활용되고 이전부터 준비되어 있었다.

고용된 자가 있으면 고용주가 있듯이 부르신 자가 있으면 부르심을 받은 자가 있다. 당신을 부르신 분은 바로 하나님이시다. 섬김과 효용성을 위해 당신의 자리를 마련하신 분은 하나님이시다. 또한 당신을 부르시기 전에 당신을 훈련시키신 분도 하나님이시다.

섬김을 위한 창조, 위대한 계획

당신은 부르심을 받기 위해 창조되었다. 하나님 나라의 긍휼과 에너지로 세상을 섬기기 위해 창조되었다. 하나님의 나라는 섬김의 문화가 특징이며 예수님은 이러한 섬김의 으뜸가는 모범이시다. 예수님은 가르치실 뿐만 아니라 직접 본을 보이셨다. 예수님은 제자들에게 지위나 높은 자리를 구하거나 타인을 부리려 하지 말고 오히려 섬겨야한다고 가르치셨다.

예수께서 제자들을 불러다가 이르시되 이방인의 집권자들이 그들을 임의로 주관하고 그 고관들이 그들에게 권세를 부리는 줄을 너희가 알거니와 너희 중에는 그렇지 않아야 하나니 너희 중에 누구든지 크고자 하는 자는 너희를 섬기는 자가 되고 너희 중에 누구든지 으뜸이 되고자 하는 자는 너희의 종이 되어야 하리라 인자가 온 것은 섬김을 받으려 함이 아니라 도리어 섬기려 하고 자기 목숨을 많은 사람의 대속물로 주려 함이니라(마 20:25-28).

예수님의 말씀을 다시 살펴보자. "너희 중에 누구든지 크고자 하는 자는 너희를 섬기는 자가 되고 너희 중에 누구든지 으뜸이 되고자 하는 자는 너희의 종이 되어야 하리라." 으뜸되는 자는 사람들의 필요가 보이면 가장 먼저 돌본다. 개인 집무실이나 세상적인 리더십을 가지고 있지 않을 수 있다. 그러나 근면하고 신뢰할 만한 사람이다.

사람들이 당신에게 도움을 구하고 있는가? 그렇다면 당신은 하나님의 성품을 반영하고 있다는 좋은 신호로 받아들여도 좋다. 그렇지 않다면 당신의 태도, 일 습관, 동기를 면밀히 살펴봐야 한다. 아마 사람들은 당신이 섬기려 하지 않고 자기중심적이라고 할 것이다. 다른 사람에게 먼저 다가가기보다 뒤로 물러나거나 섬김을 요구한다고 할 것이다.

당신이 하나님의 성품을 반영하고 있고 진정한 섬김의 자세가 있음을 확인하는 또 다른 방법은 무엇인가? 일에 대한 당신의 태도를 살펴보라. 맡은 일에 투덜거리거나 불평함 없이 책임지는가? 그렇다면 당신은 하나님의 군사로 부르심을 받은 것이다. 아마 당신은 종이 된다는 것이 나쁜 게 아님을 알고 있을 것이다. 비굴한 아첨과는 거리가 멀고 일에서 기쁨을 발견한다면 하나님이 주신 선물을 발견한 것이며 기꺼이 세상과 나눌 것이다.

하나님의 나라에서 '큰' 자가 되는 것만으로도 충분하다.

재능에 깃든 위력

하나님의 나라는 매우 독특한 방식으로 구성된다. 백성을 정당한 자격을 가진 한 왕으로 지정하는 유일한 나라이다. 당신은 왕이며, 나 또한 왕이다. 지난 주 예배 시간에 당신 옆에 앉은 사람도 역시 왕이다.

이는 특권이자 명예이다. 왕이 된다는 것은 당신과 내가 평생을 섬기겠다는 기대가 있음을 보여주는 것이다. 우리는 섬김의 왕이다. 낮은 곳에서 섬김으로 하나님 나라의 사다리를 타고 올라간다. 우리는 하나님이 주신 선물로 세상을 섬기는 왕들이다.

여기서 우리는 거룩한 왕으로 관리 임무를 행사한다. 우리는 특정 영역에 대한 왕으로 창조되었다. 우리는 특별한 자원을 받아 하나님 나라의 권위를 행사하기로 되어 있다. 우리는 동료들이 아니라 우리가 받은 폭넓은 자원으로 하나님 나라의 권위를 행사한다.

하나님 나라의 권위를 행하는 자원들은 특정 재능의 영역에 의해 결정된다. 우리는 하나님 나라의 지혜로, 영향으로, (그 결과) 위대함으로 이 권위를 행사하기 위해 세상에 배치되었다. 잠언에 나오듯 "사람의 선물은 그의 길을 넓게 하며 또 존귀한 자 앞으로 그를 인도하느니라"(잠 18:16).

이것이 예수님께서 왕의 왕, 주의 주로 불리시는 이유이다. 예수님은 세상 통치자들의 통치자 되실 뿐만 아니라 당신과 나와 같은 하나님 나라의 수많은 백성들의 통치자 되신다. 예수님은 우리 각자를 특정한 역할에 맞게 준비시키시고 돌보신다.

우리는 우리의 왕을 겸손히 섬기고 힘써 일해야 한다. 또한 그분의 임재로 충만한 영생을 보장받았다. 섬기는 매일의 삶에서 좋은 날을 발견할 것이다. 어떤 종류의 위기가 닥쳐와도 문제되지 않을 것이다. 하나님의 나라는 가장 안정된 실재이다. 당신과 나는 그것의 일부이다.

리더십과 일

당신은 하나님 나라의 왕으로서 지도자인 동시에 종이다. 섬김의 지도자이다. 당신의 왕은 당신을 사랑하시며 이 땅에서 당신이 그분의 통치권에 참여하도록 하는 것이 그분의 기쁨이다.

그러나 하나님 나라에서 왕이 되는 것이 무임승차를 의미하지 않는다. 당신의 역할을 행하기 위해서는 일을 해야 한다는 것을 명심해야 한다. 사실 하나님 나라의 노동력의 일부로 부르심을 받는다는 것은 당신이 아주 열심히 일해야 함을 의미한다. 그러나 당신은 왕과 그분의 나라를 위해 열심히 일하는 것을 개의치 않을 것이다. 당신에게 주신 선물을 사용하며 큰 성취감을 발견할 것이기 때문이다. 일하는 동안 열매를 맺고 생산적인 존재가 된다는 사실에서 격려를 받을 것이다. "잘 하였도다" 라는 칭찬을 받고 특별한 기쁨을 발견할 것이다.

하나님 나라에서의 일은 고용된 직장에서의 일과 다르다. 월급의 규모와 보상은 완전히 다르다. 당신은 고용된 곳에서 월급을 받는다. 직장에서 하는 일을 즐길 수도 그렇지 못할 수도 있다. 그러나 만일 재능을 사용하여 기쁘다면 금상첨화일 것이다. 당신이 부르심을 받은 곳에서는 일 자체가 보상이다. 당신은 하나님이 지정해주신 '동산'의 한 영역으로 매일 일하러 간다. 하나님의 동료이자 일꾼으로 그분의 창조성을 공유하는 것이다.

당신은 사명으로 그분의 주되심을 표현한다. 당신은 왕의 대리자다. 일하고, 길을 인도하고, 죽음에 생명을, 어둠에 빛을 가져다준다. 당신은 그분과 함께 일하는 것이다.

이 땅과 만물을 창조하실 때 하나님은 일하셨다. 그분은 출산뿐 아니라 일에서 노동(labor)이라는 단어를 사용하셨다. 하나님은 그분 안에 감추어진 경이로움을 드러내기 위해 일하셨다.

그리고 아담과 하와를 창조한 모든 것을 관리하는 동역자로 세우시고 그들 안에 감춰진 경이로움을 드러내는 일을 하셨다. 이전 장에서 재능은 씨앗과 같다고 했다. 그 씨앗을 심고 돌보는 것이 우리의 일이다. 일을 하면서 자신의 참된 목적을 찾기 때문에 충만감을 느낀다.

신약 전체에 사용되는 '일'(work)에 해당하는 그리스어는 ergon이다. 여러 가지 의미 중 하나는 '되다'(to become)이다. 당신의 일을 통해 '된다.' 당신은 잠재력을 발휘하면 그 과정에서 완전해진다. 하나님이 당신을 창조하신 목적 그대로 자신을 드러내게 된다. 하나님이 주신 재능으로 참된 자기 자신을 나타낸다. 어머니가 출산하기 위해 아이를 밀어내는 노력을 하듯이 당신은 재능을 표출한다. 일을 하는 동안 '스스로를 섬기며' 당신의 재능을 드러낸다.

ergon이 사용된 신약의 몇 구절들을 살펴보자(핵심 단어는 진하게 표시했다).

또 주여 태초에 주께서 땅의 기초를 두셨으며 하늘도 주의 손으로 지으신 바라(히 1:10).

In the beginning, O Lord, you laid the foundations of the earth, and the heavens are the work of your hands.

우리는 그가 만드신 바라 그리스도 예수 안에서 선한 일을 위하여 지으심을 받은 자니 이 일은 하나님이 전에 예비하사 우리로 그 가운데서 행하게 하려 하심이니라(엡 2:10).

For we are God's workmanship, created in Christ Jesus to do good works, which God prepared in advance for us to do.

오직 너희를 부르신 거룩한 이처럼 너희도 모든 행실에 거룩한 자가 되라 기록되었으되 내가 거룩하니 너희도 거룩할지어다 하셨느니라 외모로 보시지 않고 각 사람의 행위대로 심판하시는 이를 너희가 아버지라 부른즉 너희가 나그네로 있을 때를 두려움으로 지내라(벧전 1:15-17).

But just as He who called you is holy, so be holy in all you do; for it is written: "Be holy, because I am holy." Since you call on a Father who judges each man's work impartially, live your lives as strangers here in reverent fear.

우리 각 사람에게 그리스도의 선물의 분량대로 은혜를 주셨나니 그러므로 이르기를 그가 위로 올라가실 때에 사로잡혔던 자들을 사로잡으시고 사람들에게 선물을 주셨다 하였도다.

… 그가 어떤 사람은 사도로, 어떤 사람은 선지자로, 어떤 사람은 복음 전하는 자로, 어떤 사람은 목사와 교사로 삼으셨으니 이는 성도를 온전하게 하여 봉사의 일을 하게 하며 그리스도의 몸을 세우려 하심이라 우리가 다 하나님의 아들을 믿는 것과 아는 일에 하나가 되어 온전한 사람을 이루어 그리스도의 장성한 분량이 충만한 데까지 이르리니(엡 4:7-8, 11-13).

But to each one of us grace has been given as Christ apportioned it. This is why it says: "When He ascended on high, He led captives in his train and gave gifts to men."

… It was He who gave some to be apostles, some to be prophets, some to be evangelists, and some to be pastors and teachers, to prepare God's people for works of service, so that the body of Christ may be built up until we all reach unity in the faith and in the knowledge of the Son of God and become mature, attaining to the whole measure of the fullness of Christ.

서로 돌아보아 사랑과 선행을 격려하며(히 10:24)

Let us think of ways to motivate one another to acts of love and good works.

주께 합당하게 행하여 범사에 기쁘시게 하고 모든 선한 일에 열매를 맺게 하시며 하나님을 아는 것에 자라게 하시고 그의 영광의 힘을 따라 모든 능력으로 능하게 하시며 기쁨으로 모든 견딤과 오래 참음에 이르게 하시고 우리로 하여금 빛 가운데서 성도의 기업의 부분을 얻기에 합당하게 하신 아버지께 감사하게 하시기를 원하노라(골 1:10-12).

And we pray this in order that you may live a life worthy of the Lord and may please Him in every way: bearing fruit in every good work, growing in the knowledge of God, being strengthened with all power according to His glorious might so that you may have great endurance and patience, and joyfully giving thanks to the Father, who has qualified you to share in the inheritance of the saints in the kingdom of light.

해결책이 되자

당신은 하나님 동산의 일꾼으로 문제를 해결하기 위해 태어났다. 필요에 대한 하나님의 응답이다. 하나님의 바람을 성취하는 존재이다. 이 세대에 제기되는 문제들의 해답이다. 이 세대에 선택되었고 이 세대는 당신이 일으킬 것을 경험해야 한다.

다시 말해 당신은 필요한 존재이다!

왕이 많은 사람들을 부르셨다고 해서 당신이 중요하지 않다는 게 아니다. 그분의 나라는 광대하다. 그분의 나라는 끊임없이 확장한다(마 13:31-32). 그분은 당신의 머리에 난 머리칼도 다 세신다(마 10:30). 그분은 잃어버린 양 한 마리를 찾는 목자와 같이 당신을 찾으신다(마 18:12-14).

그분은 영혼의 수를 세려고 하나님 나라의 일원으로 선택하고 부르신 게 아니다. 만일 단순히 천국을 채울 한 명으로 당신을 택하고 부르신 것이라면 당장 당신을 집으로 보내버릴 것이다. 그 대신 특정한 나라의 특정한 가족의 특정한 세대인 바로 이 자리에 당신을 두셨다.

하나님은 지금 당신이 있는 곳을 당신의 자리로 정하시고 할 일을 주셨다. 하나님은 아담에게 하신 말씀을 당신에게도 하셨다. "생육하고 번성하라." 하나님은 당신이 이 땅에 살 동안 해야 할 아주 특별한 계획을 가지고 계신다. 당신의 과제는 영광스럽고 보람될 때가 있지만 위기로 고통 받는 어려울 때도 있을 것이다. 이를 통해 하나님과 함께 왕으로서의 공동리더십을 발휘할 때 당신은 왕과 함께 전심으로 일하는 것이 얼마나 중요한지 보다 잘 이해하게 될 것이다.

직업과 당신의 일

이미 언급했듯이 당신의 직업은 일부분 진정한 일을 준비하기 위해 주어진 것이다. 당신은 자신을 하나님께 드렸고, 하나님은 당신의 일과 삶의 모든 부분을 주관하신다. 하나님은 어느 것 하나도 버리지 않고 모든 것을 합력하여 선을 이루신다. 어느 것 하나도 버리지 않으신다. 하나님은 당신이 겪은 경험들을 절대 외면치 않으실 것이다.

물론 당신은 하나님이 무엇을 하시는지 알지 못한다. 그저 일할 뿐이다. 결과는 하나님께 맡기고 신뢰하면서 하루, 한 주, 한 달을 보낸다. 다윗의 아들의 조언을 받아들여야 한다.

"너는 아침에 씨를 뿌리고 저녁에도 손을 놓지 말라 이것이 잘 될는지, 저것이 잘 될는지, 혹 둘이 다 잘 될는지 알지 못함이니라"(전 11:6).

당신은 보물이 담긴 질그릇과 같다. 사도 바울은 우리를 이렇게 부른다.

"우리가 이 보배를 질그릇에 가졌으니 이는 심히 큰 능력은 하나님께 있고 우리에게 있지 아니함을 알게 하려 함이라"(고후 4:7).

우리가 하나님의 "보물을 가진 자"임에도 불구하고 바울은 우리의 인생이 얼마나 도전적인지를 이야기 한다.

우리가 사방으로 욱여쌈을 당하여도 싸이지 아니하며 답답한 일을 당하여도 낙심하지 아니하며 박해를 받아도 버린 바 되지 아니하며 거꾸러뜨림을 당하여도 망하지 아니하고 우리가 항상 예수의 죽음을 몸에 짊어짐은 예수의 생명이 또한 우리 몸에 나타나게 하려 함이라 우리 살아 있는 자가 항상 예수를 위하여 죽음에 넘겨짐은 예수의 생명이 또한 우리 죽을 육체에 나타나게 하려 함이라 그런즉 사망은 우리 안에서 역사하고 생명은 너희 안에서 역사하느니라 (고후 4:8-12).

해가 거듭될수록 위기의 순간을 맞을 것이다. 그 위기는 고용과 관련된 경우가 많을 것이다. 깨어있는 시간의 대부분을 직장에서 보내는 것으로 봐서 삶의 많은 위기들은 직업과 관련될 것이 분명하다.

이 사실이 당신의 고용을 하나님의 관점으로 보는 데 도움이 되는가? 하나님은 당신의 진짜 일을 준비시키기 위해 그것을 사용하고 계시며 여기에 직업에서의 가장 어려운 순간들도 포함된다. 만일 당신이 매일 그분을 의지한다면 어디를 가더라도 생명을 주는 자가 될 것이다. 생명을 양육하는 것이 당신의 진짜 일이다. 또한 당신의 직업이 당신의 일이 될 때, 그분의 생명이 당신의 일상을 통해 흘러나올 때, 참된 성취감을 느낄 것이다.

믿음으로 살기

하나님은 인간을 창조하실 때 하나님 나라의 삶을 살도록 계획하셨다. 창조 후 얼마 지나지 않아 아담과 하와는 믿음의 삶을 배우게 되었다. 왜냐하면 이전에 하나님과 누렸던 평안의 관계가 죄로 인해 파괴되었기 때문이다.

죄가 하나님의 본래 의도를 바꾼 건 아니었다. 그분의 본래 계획대로 인간은 그들의 가슴에 영원을 지니게 되었다. 그들은 이제 더 이상 하나님을 분명하게 볼 수 없지만 그분을 꼭 붙들 수 있게 되었다.

예수님이 이 땅에 오셔서, 사시고, 죽으시고 다시 살아나신 후, 믿음으로 사는 것은 좀더 쉬워졌다. 예수님이 그분을 믿는 자들 모두에게 성령님을 보내셨기 때문이다. 오르막과 내리막이 가득한 이 믿음의 삶은 보다 이해할 만한 것이 되었다. 우리는 보혜사 성령님에게 모든 것을 가르쳐 달라고 물어볼 수 있다(요 14:26). 믿는 자들이 많은 위기에 직면해도 하나님 나라의 일은 방해받지 않는다.

제자들-당신과 나를 포함하여-은 성령님 덕분에 보다 나은 초점을 유지할 수 있어 하나님의 나라는 진전될 수 있다. 우리 마음에 하나님 나라가 임할 때 폭풍을 더 잘 견뎌낼 수 있다.(연이은 고난이 하나님 나라를 위한 일이었던) 사도 바울의 말을 들어보자.

만일 땅에 있는 우리의 장막 집이 무너지면 하나님께서 지으신 집 곧 손으로 지은 것이 아니요 하늘에 있는 영원한 집이 우리에게 있는 줄 아느니라 참으로 우리가 여기 있어 탄식하며 하늘로부터 오는 우리 처소로 덧입기를 간절히 사모하노라 이렇게 입음은 우리가 벗은 자들로 발견되지 않으려 함이라 참으로 이 장막에 있는 우리가 짐진 것 같이 탄식하는 것은 벗고자 함이 아니요 오히려 덧입고자 함이니 죽을 것이 생명에 삼킨 바 되게 하려 함이라 곧 이것을 우리에게 이루게 하시고 보증으로 성령을 우리에게 주신 이는 하나님이시니라 그러므로 우리가 항상 담대하여 몸으로 있을 때에는 주와 따로 있는 줄을 아노니 이는 우리가 믿음으로 행하고 보는 것으로 행하지 아니함이로라 우리가 담대하여 원하는 바는 차라리 몸을 떠나 주와 함께 있는 그것이라(고후 5:1-8).

하나님, 성령님을 보내주시어 우리가 보는 게 아니라 믿음으로 살 수 있게 하시니 감사합니다!

하나님 나라의 성공의 비결

하나님 나라에서 성공을 이루는 것은 믿음으로 사는 삶의 성공과 동일하다. 믿음으로 살면서 성공을 거두는 것은 현재진행형 과정이다. 당신이 천국의 문턱을 건널 때까지 믿음으로 살고 믿음을 주신 분의 훈련을 받을 것이다.

왕은 당신을 하나님 나라에 살게 하셨다. 그분의 인도하심에 반응할 때 그분이 원하시는 일을 발견한다. 많은 경우 당신은 어떠한 위기로 인해 미지의 세계로 걸음을 내딛게 될 것이다. 주님께서 당신에게 허락하시는 어떠한 위기도 성장의 기회와 동일한 것임을 확신할 수 있다. 삶의 위기가 해결되지 않을 것처럼 크게 보이지만 그것은 영원하지 않다.

하나님은 당신의 삶에 허락하신 문제를 해결할 능력과 재능을 주셨다. 그것을 믿는가?

당신은 믿음으로 사는 방법을 알고 있지만 단점으로 인해 고통 가운데 머물러 있다. 그러나 그것은 하나님께 문제되지 않는다. 그분에게 당신의 가치는 아주 높다. 당신은 특별하다. 믿음으로 그분을 굳게 붙들고, 그분이 말씀하시는 것을 순종하면 당신의 길을 막고 있는 것처럼 보이는 문제들을 이길 것이다.

위기를 극복하는 것-그분을 믿음으로 굳게 붙드는 것-이 하나님의 나라에서의 성공 비결이라고 말할 수 있다. 다양한 사람만큼이나 하나님의 나라에서 성공에 이르는 길은 많지만, 그에 앞서 믿음으로 사는 삶이 필수적이다. 모든 사람이 자신의 문제를 기회로 볼 수 있는 성령님의 눈이 필요하며, 그것에 의해 방해를 받거나 무너지기 전에 인내로서 문제를 해결해 나가야 한다.

당신의 선물, 씨앗

　문제 해결은 '일'에 대한 또 다른 정의이다. 당신이 자신만의 재능과 과제를 발견할 때 당신만을 위한 참된 일을 발견하게 된다. 이것이 바로 당신의 하나님 나라의 부르심(일에서 표현되는 당신의 재능과 목적)이 당신의 고용과 일치될 수 있는 방법이다.

　아주 가까운 예를 하나 들어보겠다. 내 사역 이야기다. 1980년 즈음, 나는 우리 바하마 사람들에게 문제가 있다고 결론 내렸다. 우리는 하나님 나라를 전하는 처소가 되지 못하고 하나님 나라와 관련된 거의 모든 것을 받아들이고 있었다. 바하마에는 어떤 교회 본부, 기독출판사, 내세울 만한 복지활동조차 없었다. 우리는 비행기를 타고 테네시 주나 영국으로 가서 하나님 나라에 대한 사역을 보고하곤 했다. 마치 우리의 씨앗은 하나도 없는 듯 아니 우리가 가졌던 씨앗을 심는 일조차 못하고 있는 것 같았다.

　나는 마음을 같이 한 몇몇 친구와 함께 1980년도에 씨앗을 심기로 결심했다. 나는 바하마에 본부를 둔 한 사역체의 지도자가 되기로 결단했다. 나는 하나님의 도움으로 모조가 아닌 진품이 되고 싶었다.

　나는 십대 때부터 하나님이 내게 주신 재능을 알았다. 나는 문제에 대한 선견지명이 있었고 그것을 푸는데 나의 재능을 이용하고 싶었다. 또 아주 성공적인 사역단체를 설립하여 테네시와 영국 사람들이 우리를 보고 가서 전 세계에 전해줄 정도로 성장시키고 싶었다. 이리하여 국제바하마믿음미니스트리 (Bahamas Faith Ministries International, BFMI)는 회원 일곱 명으로 시작하게 되었다.

그 후 거의 30년 동안 BFMI는 다방면에 걸친 사역단체가 되었다. 바하마에서 가장 큰 사역단체로서 활발한 국제 활동을 펼치고 있다. BFMI는 보조사역단체인 제3세계지도자협회와 함께 초교파적인 은사적 메시지로 70개국 이상의 나라와 연결돼 있다. 주님의 지상사명을 이루기 위해 협력하고 있다.

예수님이 승천하실 때 제자들에게 이렇게 명하셨다.

"가서 모든 민족을 제자로 삼아 아버지와 아들과 성령의 이름으로 세례를 베풀고 내가 너희에게 분부한 모든 것을 가르쳐 지키게 하라 볼지어다 내가 세상 끝날까지 너희와 항상 함께 있으리라 하시니라"(마 28:19-20)

여기서 믿는 자에게 가장 중요한 과제는 "모든 민족을 제자로" 삼는 것임을 알 수 있다. 민족이라는 말은 그리스어 ethnos에서 나오는데 이는 '공동 집단화'를 뜻한다. 민족은 부문에 따라 그룹으로 나눌 수 있다. 모든 민족 집단에 고유의 언어와 문화가 있듯이 연예계, 사업계, 교육계, 정치계, 의학계 어디든 마찬가지다. 그러므로 제자들에 대한 예수님의 지상사명은 보다 정확히 말해 공동 집단 부문을 제자 삼는 것을 의미한다. 다시 말해 모든 부문을 제자 삼는 것이 교회의 목표가 되어야 한다. 여기에는 지혜와 수완, 기술이 필요하다.

BFMI는 국제리더십훈련소를 통해 추수할 일꾼들을 준비시키는 데 힘쓰고 있다. 훈련받은 개인들이 교회, 사역단체, 혹은 제자훈련에서 추수할 일꾼으로 효과적으로 일할 수 있을 것이다. 각자의 자리에서 하나님 나라의 일을 할 수 있을 것이다.

특히 활동 범위가 대부분 제3세계 국가들로 기술이나 학업적 문제를 다루기 전에 구속의 굳건한 기초를 놓는다. 우리는 개인의 목적의식과 하나님 나라의 잠재성 및 가치를 회복하기 위해 사람들에게 호소한다.

나의 비전은 이것이다. '구성원들을 리더로 변화시키자.' 나에게는 하나님 앞에서 모든 사람은 동등하며, 사회적 혼란과 식민주의의 억압, 노예무역, 기타 장기간의 '위기' 상황에도 하나님이 주신 인생의 목적이 있다는 메시지를 전하려는 열정이 있다.

당신 역시 자신의 씨앗을 발견하고 왕께서 추수밭으로 부르실 때 순종할 수 있다. 당신이 한 사역체의 설립자가 아니어도 당신의 기술과 재능, 능력과 성격은 그분의 목적을 이룰 수 있게 할 것이다. 이는 위기 가운데 일어날 수 있다.

죽음과 부활

예수님의 죽음을 '위기'라고 생각해본 적 있는가? 이 책의 주제인 위기의 극복에서 간과할 수 없는 질문이다.

예수님이 죽을 당시 그분을 따르는 무리들은 그다지 많지 않고 영향력 있는 존재도 아니었다. 예수님이 십자가에서 돌아가시자 그들은 숨어버렸다. 여자 두세 명과 한 명의 남자만이 자신을 드러내고 장례를 치렀다. 그들은 어떻게 되는가? 그분을 따르기 위해 모든 것을 버렸는데 그분이 죽어버렸다. 참으로 어찌할 수 없는 상황이다. 그들은 당시 권력자들로 인해 위기에 처하고 갈 곳도 없다. 그들은 이전의 삶을 버려서 돌아갈 다리도 모두 태워버렸는데 이제 어떻게 해야 하는가? 그들은 더 이상 생계를 꾸릴 수도 없다.

주님께서 모든 것을 돌보셨다. 위험을 제거하거나 위기들을 해결해 주지 않으셨지만, 다시 오셔서 새로운 일을 행하셨다. 기적 중의 기적으로 부활하셨다. 그래서 산산이 부서진 사랑했던 자들의 삶을 회복하기 시작하셨다.

주님은 십자가에 달리시기 전 자신을 부인한 베드로를 직접 찾아가셨다. 예수님은 그에게 그의 원래 목적을 상기시켜 주셨다. 이 장면을 기억하는가? "내 양을 먹이라"라고 말씀하셨다 (요 21:15-19 참조). 또한 예수님은 조만간 닥칠 곤경들에 대해 경고하셨고, 이에 베드로는 즉시 회복했다. 베드로와 제자들은 그 순간부터 죽을 때까지 예수님을 따르는 신실한 삶을 살았다.

다메섹으로 가는 길에 부활하신 그리스도를 강력하게 만난 바울에게도 동일한 일이 일어났다. 그는 그리스도인들을 죽이는데 헌신한 자였다. 그런데 그가 즉시 믿는 자로, 복음을 전하는데 거침없는 전도자로 변화되었다. 그는 삶의 목적을 발견했다고 했다.

"내 어머니의 태로부터 나를 택정하시고 그의 은혜로 나를 부르신 이가 그의 아들을 이방에 전하기 위하여 그를 내 속에 나타내시기를 기뻐하셨을 때에"(갈 1:15-16).

그는 다메섹 도상에서 특별한 경험을 한 후에 부르심을 받았다.

도전

바하마는 소비재의 90퍼센트를 여전히 수입한다. 그것의 일부는 지리와 기후 문제로 불가피한 상황이다. 그러나 이것은 민족정신에 역사적으로 부정적인 경험이 반영되어 있다고 생각한다. 우리는 세계의 하위 파트너가 되길 기대한다. 하지만 우리가 21세기의 새로운 위기와 도전에 직면할 때 하나님 나라의 진리와 원칙들을 더 굳게 붙잡을 수 있다고 믿는다. 그렇지 않으면 우리는 또다시 기회를 놓치게 될 것이다.

이런 말을 들어본 적이 있을 것이다. "미국이 재채기하면 (국가명)은 폐렴에 걸린다." 글쎄, 나는 미국에서 폭발하고 있는 현재의 위기에 감사한다. 지금 바하마에는 국가적 수준의 타격을 줄 만한 상황들이 필요하다고 생각하기 때문이다. 나는 많은 '재채기'를 하더라도 건강을 유지하고 두 발로 서길 원한다. 하나님 나라의 관점에서 부르심을 받기 원한다.

도전을 받아들일 것인가? 모르겠다. 그러나 다른 섬나라-예를 들어 일본과 영국-혹은 크기가 아주 작은 다른 나라들-이스라엘과 같이-에서 표본을 확인할 수 있다. 이들도 역사적으로 부정적인 경험이 있지만 여러 가지 면에서 성공했다.

모든 나라는 개인들로 구성되어 있다. 많은 사람들이 현재의 도전에 맞서지 않으면 국가는 비틀거릴 수 있다. 지금 현재 당신을 흔드는 위기는 어디에 있는가? 당신이 바하마에 살든 다른 곳에 살든 상관없다. 통제할 수 없는 큰 문제들이 닥쳤는가? 직장을 잃었는가 혹은 곧 잃을 거라고 생각되는가? 소득이 줄었는가? 저축도 못하고 있는가?

당신의 직업에 의미를 부여했던 것을 용서를 구하고 재능을 발견하게 해달라고 간구하라. 당신 안에 깊이 묻혀있는 그 씨앗을 발견하게 해달라고 구하라. 당신을 갈고 닦고 발전하기 위해 필요한 것을 보여 달라고 구하라. 자신을 더 잘 알게 해달라고 구하라. 잘 모르는 '당신' 내면의 자아에 대해 알려 달라고 구하라. 씨앗을 보여 달라고 간구하고 나무가 되겠다고 결단하라.

또 이르시되 우리가 하나님의 나라를 어떻게 비교하며 또 무슨 비유로 나타낼까 겨자씨 한 알과 같으니 땅에 심길 때에는 땅 위의 모든 씨보다 작은 것이로되 심긴 후에는 자라서 모든 풀보다 커지며 큰 가지를 내나니 공중의 새들이 그 그늘에 깃들일 만큼 되느니라(막 4:30-32).

하나님의 나라는 당신 안에 있다. 예수님은 말씀하셨다.

바리새인들이 하나님의 나라가 어느 때에 임하나이까 묻거늘 예수께서 대답하여 이르시되 하나님의 나라는 볼 수 있게 임하는 것이 아니요 또 여기 있다 저기 있다고도 못하리니 하나님의 나라는 너희 안에 있느니라(눅 17:20-21).

준비 되었는가?

위기의 유익을
극대화하라

10

10장
위기의 유익을 극대화하라

중국인은 '위기'라는 단어를 쓰기 위해 붓을 두 번 놀린다.
하나는 위험을 다른 하나는 기회를 나타낸다.
위기 속에서 위험을 인식하라-그리고 기회를 깨달으라.

-존 F. 케네디

    윌리엄 셰익스피어는 "역경의 가치는 크다"고 했다. 나는 그의 말이 심오한 진리를 함축하고 있다고 생각한다.
    역경은 위기와 같은 것이다. 파괴적으로 보이는 위기가 아주 건설적인 것이 될 수 있다-그 유익을 극대화하는 방법을 알기만 한다면 말이다. 위기의 많은 긍정적인 특징에 근거하여 역경이나 위기의 시기를 새로운 관점에서 볼 수 있다.
    위기의 주된 유익은 우리가 혁신적이고 창의적이게 된다는 데 있다. 원동력이 된다. 독창적인 해결책을 떠올리고 위험을 감수할 수 있게 만들어 준다. 곤경에 처할 때 이성과 신앙을 발휘하게 해준다. 위기는 가라앉던지, 헤엄치던지 둘 중 하나다.

물 위를 걸었던 베드로를 기억하는가?(마 14:24-33 참조). 베드로와 다른 제자들은 밤중에 호수를 건너고 있었다. 그들의 배가 육지에서 멀리 떨어졌을 때, 배가 뒤흔들렸다. 위기가 닥쳤다.

그런데 예수님이 어둠 속에서 그들의 배로 다가오셨다. 물결 위를 걷고 계셨다! 제자들은 겁에 질렸다. 예수님인지 몰랐다. 유령이라 생각했다. 위기감은 점점 더 커져갔다.

그런데 예수님은 자신을 확인시켜 주셨을 때 그들의 공포는 단순한 두려움으로 바뀌었다. 베드로는 믿음으로 한 발자국 더 나아갔다. 그는 자신을 예수님이라고 말한 '유령'에게 맞섰다.

"주여 만일 주님이시거든 나를 명하사 물 위로 오라 하소서"(마 14:28).

예수님께서 말씀하셨다. "오라." 베드로는 배에서 내렸고 자신이 그렇게 할 수 있음을 보고는 놀랐다. 흙이 고른 밭을 걷는 것처럼 물 위를 걷는 데도 거친 물결은 문제가 되지 않았다. 그는 예수님처럼 물 위를 걸었다! 아무도 그렇게 해본 적이 없었는데 말이다.

베드로의 행동은 대담하고 충동적이었다. 사람은 물 위를 걸을 수 없다. 상식에 어긋난다. 그렇게 할 수 있었던 것은 믿음의 걸음이었기 때문이다.

얼마 못가서 비틀거리며 가라앉기 시작했지만 그는 믿음의 위력을 증명했다. 뿐만 아니라 위기를 통해 아주 새롭고 특별한 일이 일어날 수 있음을 증명했다. 그렇지 않았으면 그렇게 하지 못했을 거다.

우리에겐 위기가 필요하다

베드로는 어부였음을 기억하라. 그는 물이 두려운 사람이 아니었다. 이후에 베드로는 배에서 뛰어 내려 헤엄쳤다(요 21:7-8 참조). 배를 타고 가는 것보다 더 빨리 땅에 닿고 싶어 물로 뛰어들었다. 이때는 물 위를 걷는 것을 생각조차 못했다.

그러나 이전에 베드로는 폭풍우가 칠 때 새롭고 특별한 것을 시도했다. 언제나 위기의 순간에 가능한 것처럼 보인다. 내가 주저하지 않고 말할 수 있는 이유이다. 위기에는 진실로 유익이 있다.

부유한 사업가이자 박애주의자인 존 헌츠먼은 이렇게 썼다. "인간이 피곤하거나 사냥하지 않았다면 영구한 가치를 지닌 그 어떤 것도 창조해내지 못했을 것이다." 곰곰이 생각해보면 이 말이 사실임을 깨닫게 된다. 옛말에도 이런 말이 있다. '필요는 발명의 어머니다.' 위기의 시기는 독창성의 인큐베이터와도 같다.

판에 박힌 일상의 변화를 위해서는 위기가 필요하다. 위기가 없다면 혁신적인 변화를 일으킬 만한 충분한 생각, 충분한 기도, 충분한 노력도 하지 않을 것이다. 하나님이 위기를 주시는 이유이다.

주님은 위기를 허락하실 뿐만 아니라 가져다주신다. 우리에게 시련이 유익하다는 것을 아시기 때문이다. 위기는 영적으로, 정신적으로, 심리적으로, 정서적으로 성장하게 해 줄 것이다. 넓혀줄 것이다. 새로운 것을 시도하도록 충분한 동기를 제공할 것이다.

위기 속의 성장

당신의 성숙과 리더십 능력은 위기의 순간에 시험받을 것이다. 당신이 성숙하고 안정적이며 강하다고 생각해왔다면, 위기는 그것을 확인시켜 줄 것이다. 가족을 책임지고 있다면, 그것이 사실인지 아닌지를 알려 줄 것이다. 사업체를 운영하고 있다면, 당신과 직원들은 위기가 닥칠 때 확실하게 알게 될 것이다. 나라의 일을 하고 있다면, 당신이 우수한 지도자인지 아닌지를 알게 될 것이다. 진정한 리더십은 위기 속에서 증명된다.

지도자들은 위기의 순간에 시험을 받고 더 강하게 성장한다. 지도자들은 평탄한 시기에 발전하지 않는다. 압력이 가해지면 발전하고 향상된다. 위기라는 억압 하에서 리더십 자질이 날카로워질 것이다. 아직 드러나지 않은 잠재력을 요구할 것이다. 이전에 몰랐던 삶의 영역들을 발견할 것이다. 독창력이 움직이기 시작한다. 근면해진다. 생각하는 사람이 된다.

위기는 창의력의 요람이다. 왜냐하면 창의력은 혁신적 사고와 동일하기 때문이다. 언제나 위기와 압력의 시기가 당신을 새로운 영역으로 전진하게 할 것이다. 만사가 형통할 때는 절대로 혁신하지 못한다. 무언가가 제대로 작동하지 않을 때 혁신하게 된다—위기의 시기에 이런 일어난다.

위기는 당신의 진정한 믿음과 확신을 드러낼 것이다. 하나님은 언제나 신실한 분이라고 고백해왔는가? 그렇다면, 지금 직장을 잃고 집이 넘어가게 된다면 뭐라고 말하겠는가? 당신의 믿음의 수준이 드러나고, 그것으로 당신이 무엇을 할 수 있는지 알게 될 것이다. 믿음이 자랄 것인가? 시험을 통과할 것인가?

위기 속의 혁신

아브라함은 중대한 위기에 처했지만 시험을 통과했다(창 22장 참조). 하나님은 아브라함에게 외아들 이삭을 제단의 제물로 바치라고 하셨다. 아브라함이 의지할 것은 믿음 밖에 없었다. 이삭은 기적으로 태어난 아이였다. 만일 하나님이 그를 원하시면 아브라함은 아버지로서의 본능을 내려놓아야 한다고 생각했다. 그는 순종했다. 아브라함이 이삭을 밧줄로 묶고 칼을 들어 이삭의 목을 치려고 하는 순간 천사가 막았다. 주님의 목소리가 들렸다.

"네가 네 아들 네 독자까지도 내게 아끼지 아니하였으니 내가 이제야 네가 하나님을 경외하는 줄을 아노라"(창 22:12).

아브라함은 중요한 시험을 통과했다. 이후 하나님은 해변의 모래만큼 셀 수 없이 많은 자손을 주시겠다는 계획을 이루어가셨다.

아브라함은 완전히 순종했지만 한편 자신이 하던 것을 즉시 바꿀 준비가 되어 있었다. 너무도 무섭지만 그는 자신의 아들을 죽여야한다고 생각했다. 그러나 주님의 천사가 양을 주어 그것을 이삭과 대체하였다. 그는 자신의 딜레마에서 빠져나왔다. 양을 잡아서 바쳤다. 아브라함은 위기 상황에서 다른 접근 능력을 보여주었다. 이를 통해 그는 놀라운 믿음뿐만 아니라 위기가 어떻게 혁신을 일으키는지를 보여주었다.

그렇다면 혁신은 무엇인가? 간단히 말해서 다음과 같다.

* 낡은 도전과 새로운 도전들에 대처하기 위해 새로운 접근법과 개념들을 창조하는 능력.
* 낡은 개념과 새로운 개념의 조합 속에서 가능성을 보는 지각.
* 낡은 문제 및 새로운 문제를 해결하기 위해 시험되지 않은 방법들을 창조, 계발 및 적용.
* 기존의 것을 초월해 생각하고, 표준을 넘어서 문제를 해결하는 능력을 믿는 역량.

혁신은 새로운 원료를 만들지 않는다. 모든 원료는 이미 준비되어 있다. 혁신은 그것을 새로운 방식으로 재결합시킨다.

"해 아래에는 새 것이 없나니."

전도서 1장 9절의 말씀이다. 우리가 새롭다고 부르는 모든 것은 오래된 것들을 새롭게 집단화시킨 것이다. 결합과 그 결합의 시기는 새로울 수 있지만 원료는 새롭지 않다.

새로운 것을 발명하는 데 필요한 것은 이미 세상에 존재한다. 혁신은 오래된 것을 새로운 눈으로 보고 그것을 새로운 목적을 위한 새로운 방식으로 결합하게 한다.

당신이 가게에서 구입한 신발은 자르고 늘이고 꿰매고 창을 댄 낡은 소가죽이다. 당신이 구입한 책의 표지와 페이지는 한 그루의 식물로부터 만들어졌다. 새 옷은 오래된 양모를 이용해 다시 '설정'한 것뿐이다. 당신이 구입한 예쁜 새 원목 식탁은 생각하는 것만큼 새롭지 않다. 왜냐하면 그것은 실상 오래된 나무에다 작업을 해서 탁자로 변신시킨 것이기 때문이다. 새 자동차도 오래된 금속, 석유 제품 등을 조합한 것이다.

당신이 새 인류를 창조할 수 없듯이 완전히 새로운 것을 창조할 수 없다. (오직 하나님만이 하실 수 있다). 그러나 사람들을 결합하는 새로운 방식은 언제나 존재한다. 당신은 당신에게 허락된 사람들 가운데 선택을 해야 하지만 그들의 강점을 결합하는 방식에서 혁신을 일으킬 수 있다.

당신은 발명자다. 이는 혁신자이며 재결합자임을 의미한다.

당신은 창조자다. 이는 무에서 유를 만드신 하나님과 그분의 피조물과의 관계를 말하는 게 아니다. 이미 지어진 것들을 새로운 방식으로 조합하는데 있어 창조적이라는 것이다.

이 땅에 하나님의 나라를 도래케 하는 일 가운데 일부분은 그분의 창조성을 통해 위기 상황들을 견디는 것이다. 성령님의 기름부으심으로 창조적인 기운이 흘러넘칠 수 있다. 당신은 새로운 방식으로 사물을 보고 이전에 아무도 생각지 못했던 방식으로 문제를 해결해 나갈 수 있다.

그러기 위해서는 당신에게 문제가 있어야 한다. 문제가 당신의 목을 짓누를 때가 바로 특별한 일이 일어날 시간이다. 위기가 없으면 혁신적인 문제해결책도 없다.

혁신적 사고

위기는 혁신적 사고를 필요로 한다. 위기는 두뇌가 익숙한 경험과 해결책에서 벗어나게 한다. 낡은 사고는 더 이상 작용하지 않을 것이다. 위기 속에서 규칙대로 갈 수 없다. 도전이 될 만한 새로운 접근법을 만들 역량이 있어야 한다.

모세가 이스라엘 백성과 함께 홍해에 이르렀을 때 물을 건너갈 대책이 없었다(출 14장 참조). 이집트인들이 멀리서 먼지 구름을 일으키며 맹추격 해오고 있었다. 앞으로는 지나갈 수 없는 물이요, 뒤로는 극명한 죽음이니 사면초가로 공포에 숨이 막힐 상황이었다. 분명히 하나님(이스라엘 백성들이 애굽에서 종살이를 끝내도록 여러 번의 기적과 이 거대한 이동을 주관하신 분)께서 허락하신 일이었다. 모세는 무엇을 할 수 있는가?

모세는 급히 생각했다. 절망적이었다. "배가 필요해. 수천 척은 필요한데." 그런데 그럴 시간이 없다. 배도 없다.

"헤엄을 쳐야겠어." 안 된다. 아이들은 수영을 할 수 없다. 노인들도 못한다. 대부분의 사람들이 수영을 할 줄 모른다. 그리고 너무 길어. 안 된다. 수영은 안 된다.

모세가 생각할 수 있는 건 이게 다였다. 그는 겨우 두 가지 생각밖에 할 수 없었는데 그것마저도 효과가 없다는 것을 알았다. 그런데 하나님께서 갑자기 말씀하셨다.

"이스라엘 자손에게 명령하여 앞으로 나아가게 하고 지팡이를 들고 손을 바다 위로 내밀어 그것이 갈라지게 하라 이스라엘 자손이 바다 가운데서 마른 땅으로 행하리라"(출 14:15-16).

이해하지 못할 말씀이었으나 이집트에서 일어났던 기적들도 마찬가지 않은가. 그래서 모세는 순종했다.

이 후의 이야기는 여러분도 잘 알고 있듯이 위대한 일이 일어났다. 효과가 있었다. 이스라엘 백성들은 구원되었고 그들을 쫓던 자들은 전멸했다. 거대한 위기가 그들을 피해갔다. 오래된 방법들이 다른 상황에서는 유용했을지 몰라도 이번에는 효과가 없었을 것이다. 모세는 사람들이 물을 건너가도록 새 방법을 찾아야했고 하나님이 그를 도와주셨다.

지금 당신 앞에 놓인 '홍해'는 무엇인가? 모세와 같은 기분인가? 위기를 극복할 새 방법을 찾아야 한다. 겁먹지 말라. 잠시 물러나 상황을 생각해보라. 당신에겐 6조개의 세포로 이루어진 두뇌가 있다. 성령님이 계시다. 혁신하라. 위기가 당신을 위한 역사가 되게 하라. 위기를 꽉 쥐고 그 유익을 짜내어라.

위기는 당신의 익숙하고 오래된 습관들을 보여준다. 당신이 일을 처리하는 낡은 방식들을 제쳐두라는 하나님의 선포와 같다. 당신의 오래된 해결책들이 이번에는 효과가 없을 것이다. 그것들을 재결합해야 한다.

물론 과정이 쉽진 않다. 전에 시도해보지 않은 일이기도 하다. 혁신적인 과정이라 위험할 수 있다. 당신의 독창력이 비판을 받을지도 모른다. 그러나 새롭고 특별한 일을 시도하지 않는다면 파멸할 것이다.

'절대'라는 말은 절대 하지 말라

위기를 극복하는 동안 당신은 하나님을 믿는 만큼 자신을 신뢰해야 한다. 하나님께서 위기를 이겨내도록 당신을 준비시키셨음을 믿어야 한다.

당신은 "모든 문제에는 해결책이 있다"고 말하는 정도의 수준이 되어야 한다. 당신이 알고 있는 해결책들이 소용없어도 말이다. 평소처럼 태연하게 집에 갈수도, 사업을 할 수도 없다는 것을 안다. 전 세계가 위기에 처해 있고 당신의 개인적 위기는 큰 위기의 한 부분이다. 당신의 위기가 위압적으로 보이는 것도 이 때문이다.

그럼에도 불구하고 포기하지 말라. 항복하지 말라. 그만두지 말라. 약물을 복용하거나 목숨을 버리지 말라. 모든 문제에는 해결책이 있다. 그것은 당신의 손이 닿는 범위에 있다. 그렇지 않다면 하나님은 처음부터 당신이 시험받도록 하지 않으셨을 것이다. 기억하라.

사람이 감당할 시험 밖에는 너희가 당한 것이 없나니 오직 하나님은 미쁘사 너희가 감당하지 못할 시험 당함을 허락하지 아니하시고 시험 당할 즈음에 또한 피할 길을 내사 너희로 능히 감당하게 하시느니라(고전 10:13).

당신의 위기가 커 보일 수 있다. 그러나 하나님은 훨씬 더 크시다. 지금 당신의 문제를 포함하여 모든 문제에는 해결책이 있다. 그 해결책이 생각나도록 성령님께 구하라. 그렇게 할 수 있도록 도우시는 성령님을 바라보면 당신의 믿음은 성숙할 것이다.

성숙과 위기

현재의 위기는 당신을 성숙시킨다. 인생에서 만나는 모든 위기를 견뎌낸 최후는 성숙이다. 시험과 시련을 당할 때 감사해야 하는 이유는 바로 이것이다.

내 형제들아 너희가 여러 가지 시험을 당하거든 온전히 기쁘게 여기라 이는 너희 믿음의 시련이 인내를 만들어 내는 줄 너희가 앎이라 인내를 온전히 이루라 이는 너희로 온전하고 구비하여 조금도 부족함이 없게 하려 함이라 (약 1:2-4).

성숙한다는 것은 어떤 의미인가? 성숙한 사람은 균형 잡힌 인품의 소유자이다. 그런 사람은 타인을 배려하고 슬픔뿐 아니라 기쁨을 함께 나눌 줄 안다. 폭넓은 아량으로 유치한 자기중심성에 얽매이지 않는다.

성숙한 사람은 하나님이 만들어주신 자신의 모습에 만족한다. 그들은 살아가면서 계속 성장한다. 인생의 모든 시련은 성령님의 정화작업을 통해 하나님의 성품을 드러나게 해준다.

성숙한 사람은 공허한 사람이 아니라 충만한 사람이다. 그러므로 성숙한 사람은 베풀 줄 안다. 그런 사람은 자신에게 닥친 상황을 언제나 풍성한 인생의 경험과 믿음의 창고에서 꺼낸 특별한 것으로 대체시킬 줄 안다.

사도 베드로는 첫 편지에서 그리스도인들의 인격과 믿음의 성숙을 칭찬한다. 여기서 '여러 가지 시험'과 관련해 말한다.

예수 그리스도의 사도 베드로는 본도, 갈라디아, 갑바도기아, 아시아와 비두니아에 흩어진 나그네 곧 하나님 아버지의 미리 아심을 따라 성령이 거룩하게 하심으로 순종함과 예수 그리스도의 피 뿌림을 얻기 위하여 택하심을 받은 자들에게 편지하노니 은혜와 평강이 너희에게 더욱 많을지어다…

그러므로 너희가 이제 여러 가지 시험으로 말미암아 잠깐 근심하게 되지 않을 수 없으나 오히려 크게 기뻐하는도다 너희 믿음의 확실함은 불로 연단하여도 없어질 금보다 더 귀하여 예수 그리스도께서 나타나실 때에 칭찬과 영광과 존귀를 얻게 할 것이니라(벧전 1:1-2; 6-7).

한 가지는 확실하다. 성숙의 관점에서 위기의 시간은 당신을 이롭게 할 것이다. 가장 큰 유익 중 하나는 성숙과 성장이며, 이는 신실한 성품과 견고한 믿음을 드러내는 능력이 성장한 것을 의미한다.

땅은 하늘을 필요로 한다

이 땅의 백성은 하나님의 사람의 성숙과 리더십을 필요로 한다. 이 세상은 중대한 시점에 와 있다. 세계는 각종 위기로 휘청거리고 공포와 분노, 혼란으로 가득 차 있다. 정부는 갈등과 혼란으로 뒤얽혀 있으나 해결책은 없다. 경제는 붕괴되고 있다. 평화는 테러와 전쟁으로 파괴되었다. 하나님 나라의 대사인 하나님의 백성들의 도움이 절실히 필요하다.

이 땅의 사람들이 알든 모르든, 그들에게 필요한 것은 외부의 도움이다. 단순히 더 크고 부유한 나라의 금융적 지원이 아니라 하늘로부터의 지원이다. 이 땅의 나라들은 하나님 나라를 필요로 한다.

사람들은 내심 인간의 방법으로 그 많은 문제들을 해결할 수 없다는 것을 잘 알고 있다. 본능적으로 외부의 도움이 필요하다는 것을 알고 있다. 사람들이 슈퍼맨과 같은 초영웅적인 존재들에게 사로잡히는 이유다. 슈퍼맨은 가상의 행성인 크립톤에서 태어나 막강한 힘을 가지고 지구로 와 사람들을 위기로부터 구한다.

그러나 내가 지적하고 싶은 것은, 슈퍼맨은 만화책 속의 영웅이고 지구상의 어떤 영웅도 현재 우리가 처한 곤경을 해결해줄 충분한 지혜와 힘을 공급해줄 수는 없다는 점이다. 사람들은 버락 오바마와 같은 뛰어난 지도자가 나타날 때 흥분한다. 그가 필요한 모든 것을 가져다줄 거라고 생각하기 때문이다. 오바마는 월 스트리트의 지도자들이 나온 대학교를 졸업했다. 그들이 모으는 인간적인 지혜도 충분하지 않다. 우리는 하나님이 필요하다.

나라가 임하시오며, 뜻이 이루어지이다

예수님은 우리가 필요로 하는 참된 영웅이다. 당신과 나는 이 땅에 하나님의 나라를 임하게 하는 사명을 수행하고 있다. 위기에 처한 이 행성에 하나님의 나라가 임한다면 이는 절망 가운데 가장 큰 유익일 것이다.

당신의 역할은 무엇인가? 간단하다. 하나님 나라의 삶을 살아가면서 하나님 나라의 기도를 계속하는 것이다.

> 그러므로 너희는 이렇게 기도하라 하늘에 계신 우리 아버지여 이름이 거룩히 여김을 받으시오며 나라가 임하시오며 뜻이 하늘에서 이루어진 것 같이 땅에서도 이루어지이다 오늘 우리에게 일용할 양식을 주시옵고 우리가 우리에게 죄 지은 자를 사하여 준 것 같이 우리 죄를 사하여 주시옵고 우리를 시험에 들게 하지 마시옵고 다만 악에서 구하시옵소서 (나라와 권세와 영광이 아버지께 영원히 있사옵나이다 아멘(마 6:9-13).

"나라가 임하시오며 뜻이 하늘에서 이루어진 것 같이 땅에서도 이루어지이다." 이 기도가 이 땅에 하나님 나라의 문화를 가져올 것이다.

하늘의 문화

하늘에는 위기라는 단어가 의미가 없다. 하늘에서는 우는 자의 모든 눈물이 씻기며 더 이상의 고통도 없을 것이다(계 21:4 참조). 하늘에서는 아무도 훔치지도 속이지도 않을 것이다. 아무도 직장에서 해고당하거나 자신의 집을 유질처분 하지 않을 것이다. 서로 이용하지 않을 것이다. 더 이상의 죽음도 없을 것이다.

하늘의 문화는 '종교'에 제한되지 않는다. 하늘의 문화는 모든 것을 포함한다.

1. 하늘의 문화에 하늘의 정부가 있다.
2. 하늘의 문화에 하늘의 가치가 있다.
3. 하늘의 문화에 하늘의 도덕이 있다.
4. 하늘의 문화에 하늘의 경제가 있다.
5. 하늘의 문화에 하늘의 부(富)가 있다.
6. 하늘의 문화에 하늘의 사회가 있다.

이 땅에 하나님 나라의 문화가 임하기를 무릎 꿇고 기도하라. 위기를 통해 현 상황의 제약을 넘어 새 영역으로 들어갈 수 있게 하라. 어떤 문제든 한 가지 이상의 해결책이 있다고 믿어라.

위기는 새롭고 다른 것을 요구 하다

홍해가 앞길을 막아도 건널 방법은 한 가지 이상이 있다. 당신은 배를 구할 수 있다. 혹은 하나님의 기적으로 마른 땅을 걸어갈 수 있다-물 위를 걷는 건 어떤가? 왕께서 그렇게 말씀하셨다면 하나님 나라의 혁신자의 태도로 물위를 걸어보라. 그분과 함께라면 불가능한 것은 아무 것도 없다!

오래된 문제를 해결할 새로운 방법들을 강구하라. 하나님 나라의 백성이 행해야 할 방식이다. 예수님도 동일한 기적을 두 번 행하지 않으셨다. 예수님은 적어도 여섯 명의 맹인들을 치료하셨다. 예수님은 처음 두 명을 만지셨고 그들은 치유 받았다(마 9:27-31). 예수님은 바디매오를 부르셨다(막 10:46-52). 또 다른 한 사람을 치유하기 위해 귀신을 쫓아내셨다(마 12:22, 눅 11:14 참조). 또 맹인의 눈에 침을 뱉으시고 안수하셨다(막 8:22-26 참조). 그리고 침으로 진흙을 개어 맹인의 눈에 바르시고 실로암 못에 가서 씻으라고 명령하신 적도 있다(요 9:1-41 참조). 이 맹인들 모두가 치유 받았다. 만일 예수님이 한 가지 방법만을 고집하셨다면 성공률이 그렇게 높았으리라 생각되지 않는다.

직업을 잃고 소득이 없다면 새로운 해결방법을 생각하라. 하나님 나라에서 아이디어를 얻어라. 작고 침체된 자아 주변을 더 이상 맴돌지 말라. "직장도 없고… 돈도 없어. 일자리를 얻어야 하는데… 월급이 필요한데… 일자리를 얻어야 해… 월급이 필요해." 이전과 같은 직장이 더 이상 없다면 어떻게 할 것인가?

시야를 넓혀라. 다른 대안들을 찾아보아라. 한계에 절대 굴복하지 말라.

실패를 두려워하지 말라. 성공한 사람들은 실패를 두려워하지 않는다. 사실 그들의 성공은 그들의 실패로부터 배운 것이다. 아이들은 실패를 두려워하지 않는다. 시도하고 실패하는 것-그리고 다시 시도하는 것-이 우리가 배우고 성장해야 할 방식이다. 예수님이 제자들에게 어린아이와 같아지라고 말씀하셨다(마 18:3-6; 19:14; 막 10:14-15; 눅 18:16-17 참조).

무엇이라도 한번 시도해라. 내가 십대였을 때 성령님께서 말씀하셨다. "자, 이걸 한번 해보아라. 시도하지 않고 네가 성공할 수 있는지 모르는 것보다 시도하고 실패하는 게 낫단다." 동시에 단 한 번의 시도로 자신을 제한하지 말라. 한 번으로 그때가 오고 있는지 모른다. 그 때가 왔을 때 당신의 노력은 성공할 수 있다.

예수님이 사역을 하고 계실 때, 예수님의 형제들은 초막절을 위해 예루살렘에 가서 사역을 공표하라고 촉구했다. 예수님은 아직 때가 아니라고 하시며 머물러 계셨지만, 바로 그 다음날 아침 예루살렘으로 가셨다.

> 예수께서 이르시되 내 때는 아직 이르지 아니하였거니와 너희 때는 늘 준비되어 있느니라… 너희는 명절에 올라가라 내 때가 아직 차지 못하였으니 나는 이 명절에 아직 올라가지 아니하노라 이 말씀을 하시고 갈릴리에 머물러 계시니라 그 형제들이 명절에 올라간 후에 자기도 올라가시되 나타내지 않고

은밀히 가시니라(요 7:6, 8-10).

예수님의 형제들은 예수님의 행동방식을 반대했을 것이다. 왜 예수님은 명절에 제때 가지 않으셨는가? 이후 예수님께서 병든 친구 나사로를 방문하는데 너무 오래 지체하시는 것처럼 보였을 때 예수님은 제자들에게 말씀하셨다.

"낮이 열두 시간이 아니냐"(요 11:9).

예수님이 말씀하신 것은 12시간 내지 24시간을 쉴 수 있다는 것이다. 오늘은 날이 아닐 수 있다. 내일은 그 날일 수 있다. 12시간 혹은 24시간 후엔 상황이 변할 수 있다. 당신은 어제 무언가를 시도했는데 실패했을 수 있다. 그러나 오늘 다시 시도하면 때가 찼기 때문에 성공할지도 모른다. 당신은 일자리에 지원했다가 "안 됩니다" 라는 소릴 들을 수 있지만 다음 날 길이 열릴 수 있다.

오늘의 위기가 사라지고 있음을 기억하라. 그것은 계절적이며 일시적이다. 하나님 나라는 영원을 발견하는 곳이다. 하나님 나라에서는 모든 것이 영원히 보장된다. 하나님 나라에서는 어떤 것도 분실되지 않는다.

가끔 당신은 당신만의 성공에 도전해야 한다. 당신이 현재 어떤 특정한 위기가 없다고 가정해보자. 당신은 휘파람을 불며 인생의 고속도로를 달리고 있다. 인생은 좋기만 하다. 그러나 그 순간은 영원하지 않다. 변화를 위해 준비해야 한다. 바퀴가 빠져도 너무 놀라지 마라.

위기보다 앞서 출발하라. 직장을 잃기 전에 다른 무언가를 생각해둬라. 아무도 해보지 못했던 것을 생각하고 시도해보라. 이는 하나님 나라의 백성의 혁신적인 사고방식이다. 몇 년 전, 한 여성이 성경 공부 후 나를 찾아왔던 일이 기억난다. 그녀는 바하마에서 시도된 적이 없는 사업 아이디어를 가지고 있었다. 지금은 그다지 특별하지 않지만 그 시절에는 생소한 분야였다. 그녀는 편지와 소포를 모아서 배달해주는 개인우편배달 회사를 시작하려고 했다. 결국 그녀는 성공을 거두었다. 현재 그녀의 회사는 우리나라에서 가장 큰 우편배달 회사가 되었다.

미지의 분야를 개척하여 하나님 나라의 문화를 전달하라. 위험을 감수하라. 믿음을 활용하라. 용기를 내라. 관습에 도전하고 진부한 문화를 돌파하라. 새로운 방식을 찾아라. 진부한 방식은 더 이상 먹히지 않는다. 이전 장에서 보았던 부르심과 고용을 기억하는가? 아마 지금이 바로 당신의 일이 당신의 직업을 능가할 때인지도 모른다.

천국의 생활방식

천국 열쇠를 기억하라. 그것이 바로 생활방식이기 때문이다.

어느 날 예수님은 제자들에게 뉴스 기자처럼 말씀하시지 않고 왜 비유를 사용하시는지 알려주셨다.

"천국의 비밀을 아는 것이 너희에게는 허락되었으나 그들에게는 아니되었나니"(마 13:11).

우리, 하늘에 속한 사람들은 문을 열 수 있는 사람들이다. 우리에겐 열쇠가 있다. 세상 사람들은 절대 이해하지 못할 것이다. 그들은 문이 잠기면 인간이 만든 온갖 종류의 열쇠로 그 문을 열려고 미친 듯이 노력한다. 한편 예수님은 잠긴 문의 위기는 열쇠 중 하나를 사용할 기회라는 것을 깨닫길 원하신다. 예수님은 말씀하셨다.

"내가 천국 열쇠를 네게 주리니 네가 땅에서 무엇이든지 매면 하늘에서도 매일 것이요 네가 땅에서 무엇이든지 풀면 하늘에서도 풀리리라 하시고"(마 16:19).

모든 자원들은 때가 되면 이용가능해질 것이다. 근심하고 염려한다고 해서 자원을 얻을 기회가 높아지는게 아니다(마 6:31-34 참조). 내일 해고통지서를 받지 않을까, 집세는 어떻게 낼까 염려할 필요 없다. 그저 신실하고 의로운 천국의 삶을 살고 손에 그 열쇠들을 쥐고 있어라. 하나님 나라의 공급하심이 위기의 문 뒤에 놓여있다. 당신의 나라여 임하소서. 주님!

위기를 극복하는
열 가지 방법

11

11장
위기를 극복하는 열 가지 방법

인간은 습관에 의해 감옥에 갇히지 않는다.
인간 내면의 위대한 변화는 위기에 의해 만들어질 수 있다
-그 위기를 깨닫고 이해할 수만 있다면 말이다.

-노만 커즌스

"최고의 시간이었다. 최악의 시간이었다…." 찰스 디킨스의 장편소설 〈두 도시 이야기〉 첫머리를 장식하는 불후의 문장이다. 이 글귀는 자주 인용되는데, 특히 현재 우리가 살고 있는 크나큰 사회적 격동과 위기의 시대가 그러하다.

디킨스의 이 문장이 포착하는 영원한 진리가 바로 이 책의 주제이다. 위기로 가득 찬 시대는 또한 승리로 가득 찬 시대이기도 하다. 우리는 하나님의 도움으로 어떤 위기도 극복할 수 있다. 더 잘 준비하여 다음 위기를 맞을 수 있다. 나는 이 위기 극복 과정에 대해 글을 써왔다. 바로 지금, 현 위기 한가운데가 신앙의 관점에서 당신의 '진가를 시험받는 장'이다. 위기는 당신을 세우거나 무너뜨릴 수 있을 것이다. 내 사명은 이 위기를 통

해 당신을 굳건하게 세우는 것이다.

  이번 장에서 당신은 위기를 극복하는 열 가지 접근법을 만나게 될 것이다. 그 중 특별히 당신의 눈에 들어오는 방법이 있을 것이다. 다른 어떤 방법들보다 당신을 쿡 찌르는 것이 있을 것이다. 위기에는 시기와 단계가 있기 때문이다. 당신의 현 위기가 겨우 어제 시작 되었다면 출발점을 찾게 될 것이다. 위기 한 가운데 있다면 다른 종류의 요새가 필요할 것이다.

  지금 상황이 어떠하든, 기분이 어떠하든 나는 당신이 이번 장에서 유익한 내용들을 발견할 것이라고 확신한다. 위기 극복을 위한 열 가지를 살펴보고 당신에게 가장 와 닿는 것을 유념하기 바란다.

첫 번째: 해결책을 강구하라

  당신은 위기 상황에서 어떤 일이 일어날지 두고 볼 수 없다. 다른 사람에게 모든 것을 맡겨버릴 수도 없다.

  당신이 자동차 사고로 쓰러져 스스로 일어날 힘이 없어도 가장 먼저 기도하면서 도움을 외쳐야 한다. 무언가를 해야 한다. 부상을 당했다면 긴 회복의 시간이 필요하다. 인생 전체가 달라질 수 있다. 당신은 회복되는 동안 그 이후의 해결책을 강구해야 할 것이다.

교전지역에서 적진이 차지한 영역을 다시 빼앗기 위해 취하는 행동과 마찬가지로 당신의 통제를 벗어난 상황들을 일부 제어하려면 해결책을 제시해야 한다.

다윗과 골리앗을 생각해보라(삼상 17장 참조). 블레셋 군대는 거인 골리앗을 세워 군사적 위기를 일으켰다. 모든 사람들은 골리앗을 두려워했다. 이토록 무시무시한 적을 이길 수 있다고 아무도 생각하지 못했다. 그러나 그들은 이겨야 했다. 그렇지 않으면 블레셋에게 패배하고 말 것이다. 사울 왕과 그의 노련한 전사들은 시간을 벌고 있었다.

표면상으로 다윗은 병사인 형들에게 음식을 가져다주러 왔다. 그는 그때 골리앗에 대해서 듣고는 무언가를 해야 한다고 생각했다. 하나님이 주신 용기와 총명함으로 다윗은 해결책을 제시했다. 어린 목동이 거인에게 맞서겠다고 했다. 일종의 농담인가? 무장한 전사들도 실패했는데 어떻게 평범한 소년이 이길 수 있단 말인가?

이스라엘의 왕은 선택의 여지가 없었기에 다윗의 무분별한 계획에 동의했다. 그들이 잃을 것이 무엇인가? 당신은 이 일이 어떻게 됐는지 알고 있다. 다윗은 전혀 미치지 않았다. 그는 자신의 힘으로 싸운 게 아니기 때문이다. 골리앗은 계속 그를 조롱했다. 그러나…

다윗이 블레셋 사람에게 이르되 너는 칼과 창과 단창으로 내게 나아 오거니와 나는 만군의 여호와의 이름 곧 네가 모욕하는 이스라엘 군대의 하나님의 이름으로 네게 나아가노라 오늘 여호와께서 너를 내 손에 넘기시리니 내가 너를 쳐서 네 목을 베고 블레셋 군대의 시체를 오늘 공중의 새와 땅의 들짐승에게 주어 온 땅으로 이스라엘에 하나님이 계신 줄 알게 하겠고 또 여호와의 구원하심이 칼과 창에 있지 아니함을 이 무리에게 알게 하리라 전쟁은 여호와께 속한 것인즉 그가 너희를 우리 손에 넘기시리라(삼상 17:45-47).

다윗은 주무기인 돌팔매질을 했다. 돌 하나를 선택하여 골리앗을 조준하여 맞추었다. 돌멩이는 갑옷을 맞고 튕겼을 수 있었는데 그의 맨 이마를 뚫어버렸다. 골리앗의 육중한 몸이 땅바닥으로 쓰러졌다. 다윗은 "달려가서 블레셋 사람을 밟고 그의 칼을 그 칼집에서 빼내어 그 칼로 그를 죽이고 그의 머리를 베니…"(삼상 17:51).

다윗은 자신의 민족을 위협하는 위기에 앞장섰다. 그는 그냥 집으로 돌아갈 수도 있었다. 아무도 그에게 골리앗과 맞서라고 종용하지도 않았다. 사람들은 다윗을 말리고 설득하는 상황이었다. 사실 양떼를 돌보고 전장에서 좋은 소식을 기다려도 되었다. 하지만 다윗은 목숨을 걸었다. 그의 담대한 결단은 성과를 거두었다.

현재 당신의 길을 막고 서 있는 골리앗이 있는가? 무엇을 해야 하는지 가르쳐달라고 구하라. 문제에 대한 해결책을 강구하라. 그리고 그것이 어떻게 역사하는지 보아라. 필요하다면 계획을 조정하라. 새로운 전술을 시도하는 데 두려워하지 말라. 후퇴하지 마라. 당신의 결단은 문제에 대한 해결점이 될 것이다.

두 번째: 잠재력을 깨우라

모든 행동은 어느 정도의 잠재력을 깨울 것이다. 당신의 행동이 숨겨진 어떠한 재능, 에너지, 용기와 같은 자질을 끌어낼 것이라는 뜻이다.

이전에는 그러한 것들을 전혀 써보지 못했기에 당신은 그것을 찾아봐야할 것이다. 그러면 보상이 있을 것이다. 당신이 알고 있던 것보다 더 많은 잠재력이 당신에게 있다.

당신에게 필요한 재능과 품성들을 알아내려면 많은 방해물, 잠재력의 대적들을 이겨내야 한다.

1. 불순종. 하나님이 요나에게 니느웨로 가라고 하셨을 때 어떤 일이 일어났는지 보라. 그는 불순종하여 물고기 뱃속에 들어가게 되었다.

2. 죄. 죄는 그 자체가 당신의 근원되신 하나님으로부터 독립을 선포하는 것이다. 당신을 창조하신 분의 도움 없이는 잠재력을 발견할 수 없다.

3. 두려움. 두려움이 당신을 지배하게 한다면 잘 되기보다는 실패한 인생으로 종지부를 찍고 말 것이다. 당신의 잠재력과 친해지기 위해서는 믿음으로 두려움을 지워야 한다.

4. 낙심. 하나님은 당신이 정복할 수 없는 큰 위기를 직면하게 하지는 않으실 것이다. 하나님이 도우실 것이다. 낙심을 버리고 믿음으로 그 자리를 대체하라.

5. 미루기. 당신의 발을 질질 끌지 말라. 지금이 바로 움직일 때다.

"풍세를 살펴보는 자는 파종하지 못할 것이요 구름만 바라보는 자는 거두지 못하리라"(전 11:4).

6. 과거의 실패. 당신이 몇 번 패배했어도 '실패자'가 되길 거부하라. 실패해도 지난 기억으로 자신을 마비시키지 말라.

7. 타인의 의견. 당신은 "그 생각은 안 먹힐 거야"라고 할 반대자들에게 둘러싸여 있다. 하나님의 생각을 구하라. 하나님의 의견이 중요하다.

8. 혼란. 당신의 진전에 도움이 되지 않는 것은 그것을 방해할 뿐이다. 하나님께 너무 빨리 혹은 너무 늦게 순종하는 것도 불순종이다. 당신의 초점을 유지하라. 순간의 긴박함으로 인해 한 쪽으로 치우치지 마라.

9. 성공. '성공'이라는 역에서 멈추어도 기차에서 내리지

마라. 한때의 성공은 큰 격려가 되지만 아직 목적지에 도착한 것은 아니다.

10. **전통.** 위기를 극복하려면 '항상 우리가 해왔던 방식'을 넘어서라. 언제나 더 나은 방법이 존재한다. 과감히 다른 것을 시도하라.

11. **그릇된 환경.** 시간과 에너지를 어떻게 소비하는지 그리고 어울리는 사람들을 주의 깊게 살펴보라. 이 환경이 당신의 위기 상황을 극복하는데 도움이 되고 있는가?

12. **비교.** 자신과 타인을 비교하지 마라. 다른 누군가가 되려고 노력하지 마라. 당신의 독특한 장점들을 십분 발휘하여 최고가 되기로 마음먹어라.

13. **반대.** 장애물을 만나면 뒤돌아서거나 길 한복판에 텐트를 치지 마라. 하나님께서 그렇게 하라고 말하지 않은 이상 당신의 계획을 타협하지 마라.

14. **사회의 압력.** 흐름을 거슬러 헤엄치고 있다고 느껴질지 모른다. 격려를 전혀 못 받을 수 있다. 그렇다고 해서 당신이 성공할 수 없음을 의미하는 건 아니다. 위기 상황을 만날 때마다 당신 안에 무궁한 잠재력이 있음을 기억하라. 하나님이 그것을

당신 안에 심으셨고 그것이 자라도록 위기를 허락하셨는지 모른다. 지체하지 말고 잠재력을 깨우라.

세 번째: 팀의 창의성을 시험하라

다른 사람들과 일하고 있다면 그들과 함께 둘러 앉아 말하라. "좋아요, 모두들. 새로운 방식을 찾아봅시다." 몇몇의 친구에게 위기를 극복할 창의적인 방법을 제안해달라고 부탁하라.

하나님이 아담을 창조하시고 말씀하셨다

> "사람이 혼자 사는 것이 좋지 아니하니"(창 2:18).

우리 모두는 다른 사람들이 필요하다. 당신이 개인적인 위기에 직면했을 때 타인의 도움이 필요하다. 그것이 만약 공동체적 위기라면 타인의 도움은 더더욱 필요하다.

느헤미야의 이야기를 기억하는가? 그는 고국에서 멀리 떨어진 바벨론에서 포로생활을 했다. 그는 예루살렘 성벽이 무너졌다는 이야기를 듣고 뭐라도 하고 싶었다(느 1장-5장 참조). 느헤미야는 그 도시와 사람들을 사랑했다. 상처받고 치욕스러운 도시는 느헤미야로 하여금 자신의 생애를 바쳐 재건하고자 할 만큼 충분한 위기였다. 이렇게 방대한 계획을 시행하려면 바벨론의 아닥사스다 왕으로부터 예루살렘의 가장 비천한 이스라엘 노동자에 이르기까지 수백 명의 사람들의 도움이 필요했다.

이러한 상황에서 그는 사람들을 모아야 했다. 그들은 적들로부터 크나큰 억압을 받아 더 이상 제대로 일할 수 없었다. 느헤미야는 그들을 모아서 새롭고 특별한 일을 시도하자고 말했다. 그 이후 노동자들의 절반이 성을 건축했고 나머지 절반은 무기를 들고 성을 지켰다(느 4장 참조). 성을 건축하는데 일반적인 방법은 아니었다. 하지만 느헤미야의 창의적인 방법은 효과가 있었다. 성벽은 완공되었고, 예루살렘은 다시 한 번 보호를 받게 되었다.

네 번째: 문제를 해결하는 당신의 능력을 믿어라

당신은 직면한 문제를 해결할 능력이 있음을 믿어야 한다. 당신은 왕의 자녀이며 그분은 당신에게 어떤 것이든 공급하실 수 있다. 문제를 해결하는 능력은 문제를 해결하는 그분의 무한한 능력으로부터 나온다.

왕의 자녀로서 당신을 위한 공급은 당신의 의를 통해 흐른다. 의는 하나님께 가까이 가는 것이다. 하나님은 의로우시며 그분은 우리가 그분의 의를 반영할 수 있게 하셨다.

의는 "주의 나라의 홀"(홀(笏), scepter-왕이 손에 쥐던 패로 왕권이나 왕위를 상징)(히 1:8)이다. 홀은 왕의 권위를 상징한다. 고대에 왕이 자신의 홀을 한 사람에게 내밀면 그 사람은 왕의 은총과 은혜를 입게 되었다. 만왕의 왕께서 의의 홀을 당신에게 내미시면 그분의 보호와 공급하심 아래 있게 된다. 그분의 은총으로 부하고 모자람이 없게 된다. 문제를 해결할 능력이 있게 된다. 그분의 자녀 된 특권으로 오는 것이다.

성경은 하나님 나라의 공급을 받는 길은 의로운 삶을 유지하는 것이라고 말한다. 우리는 그것을 완벽하게 행할 수 없으며-그래서 회개가 필요하다-스스로 할 수도 없다-우리에게 성령님을 보내주신 이유가 그것이다. 그러나 우리가 의의 열쇠를 가지고 있을 때 그분의 공급하심에 다가갈 수 있음을 온전히 확신할 수 있다. 다시 한 번 예수님의 말씀을 기억하라.

"그런즉 너희는 먼저 그의 나라와 그의 의를 구하라 그리하면 이 모든 것을 너희에게 더하시리라"(마 6:33).

우리가 의의 삶을 살지 못하면 절대 하나님 나라의 부요함에 참여하지 못할 것이다. 하나님 나라의 부요함에는 지혜, 분별, 지식이 포함된다. 위기를 극복하고 긴박한 문제들을 해결하는 당신의 능력은 그분 안에서의 성숙에 달려있다. 지금까지의 경험으로 이 사실을 알 것이다.

그러므로 현재의 위기로 생긴 문제를 해결하는 당신의 능력을 신뢰하라-당신을 구원하시고 필요한 모든 것을 넉넉히 공급하시는 그분의 능력을 믿는 것만큼이나 말이다.

다섯 번째: 가지지 않은 것보다 가진 것을 보라

4장에서 언급했던 두 가지 핵심, (1) 필요를 결정하라 (2) 필요한 것만을 구매하라를 기억할 것이다. 위기, 특히 재정적 위기를 극복하려면 이미 가진 것으로 사용 방법을 결정하고, 가지지 않은 것 때문에 안절부절 하지 말아야 한다. 특히 당신이 가지지 않은 것이 진정 필요한 것이 아니라 사치품일 때는 더욱 그러하다.

그중 타인과의 비교를 멈추라. 남들은 불경기에도 끄떡없이 보이는가. 질투나 시기나 쓰라림에 빠져 당신의 의로움을 타협시키지 말라. 당신의 불안함으로 부정직해지거나 탐욕스러운 자가 되지 말라.

당신의 문제 때문에 '체제'를 탓하지 말라. 세상 문화가 당신의 인생에 고난을 일으켜도 당신은 세상 체제에 속한 게 아니다. 당신은 하나님 나라에 속한 사람이다. 당신은 그분의 뜻에 따라 필요한 것을 구하는 법을 알고 있다. 당신은 그분의 음성을 들을 수 있고 그분께 순종할 수 있다.

"그의 뜻대로 무엇을 구하면 들으심이라 우리가 무엇이든지 구하는 바를 들으시는 줄을 안즉 우리가 그에게 구한 그것을 얻은 줄을 또한 아느니라"
(요일 5:14-15).

당신이 가지고 있는 것을 단순히 바라봄으로써 시작하라. 그리고 당신이 그것으로 일할 수 있게 도와달라고 구하라.

여섯 번째: 가진 것을 활용하라

제자들이 5,000명 이상에게 먹일 음식이 없다고 예수님께 말씀드렸다. 예수님은 뭐라고 하셨는가?

"너희에게 떡이 몇 개나 있느냐"(마 15:34, 막 6:38).

예수님은 그들이 가진 몇 개의 빵과 물고기로 사람들에게 충분히 먹이셨다. 그들이 가진 것은 예수님이 쓰시기에 충분했다. 그들은 풍성히 가지고 있었다. 기적적으로 그 위기를 극복했다. 당신은 무엇을 가지고 있는가? 그것을 가지고 하나님께 나아가라. 당신의 소유를 활용하라. 경험을 활용하라. 관계를 활용하라. 그분께 나아가기 전까지 그분은 그것을 사용하실 수 없다.

요셉이 감옥에 있을 때 가진 것이 거의 없었다. 하지만 그는 자신이 가진 것-꿈을 해석하는 능력, 성실히 일하는 능력, 그리고 제한된 인간관계-을 통해 하나님은 그것을 자유와 그 이상의 것으로 변화시키셨다. 요셉은 떡 굽는 관원장과 술 맡은 관원장과 관계를 맺었다(창 40장 참조). 그 후에 밝혀졌듯이 이 관계 중 하나는 아주 중요한 것이었다.

일곱 번째: 자원의 가능성을 찾아라

당신은 가진 것을 활용함으로써 그것을 새로운 눈으로 바라볼 수 있다. 아주 제한적으로 보여도 당신이 가지고 있는 것에 숨겨진 잠재적 이용 가치들을 발견할 수 있다.

하나님은 당신을 하나님 나라의 일부를 관리하고 이 땅에 임하게 하는 특별한 사람으로 창조하셨다. 하나님은 당신에게 종교적인 규칙과 제약들을 주시지 않았다. 자원을 주셨다. 아담에게 영역을 주신 것처럼 당신에게도 주셨다.

당신이 다스리는 범위는 실제 영토일 수도 아닐 수도 있다. 여기에는 하나님 나라의 관점에서 당신이 합법적인 권리를 가지고 있는 모든 것을 포함한다. 당신의 합법적인 통치권은 특권이자 위임이다. 바로 당신과 하나님과의 관계 때문이다.

하나님은 당신에게 아담으로부터 시작된 관리 임무를 수행하는 데 필요한 자원을 언제든지 주시고 숨겨진 잠재력을 보여주실 것이다. 사르밧의 과부의 자원은 실로 아주 적었다. 통에 가루 한 움큼과 병에 기름 조금이 전부였다(왕상 17:8-16 참조). 이는 엘리야의 하나님이 일하시기에 충분치 않았다. 그러나 거기에 잠재력이 있었다! 엘리야는 과부와 그녀의 아들과 함께 매일 식사를 했고 그 볼품없는 자원에서 많은 음식들이 생겨났다.

나는 나소 공항 근처에 사는 한 미망인이 자신의 주자원인 자동차에서 잠재력을 발견한 것을 보았다. 그녀는 건설 노동자들이 일하고 있는 곳은 어디든지 가서 인부들에게 점심과 간식거리를 팔았다. 그녀는 자신의 제한된 자원을 최대한으로 이용하여 세 자녀를 공부시켰다. 그녀는 텅 빈 자동차 트렁크의 잠재성과 자신의 훌륭한 음식 솜씨 능력을 본 것이었다.

당신의 자원은 무엇인가? 그 자원에 숨겨진 잠재성은 무엇인가?

여덟 번째: 표준을 초월하라

당신은 눈을 크게 뜨는데 익숙해져야 한다. 위기는 당신이 살고 있는 표준의 문화를 초월하여 보는 법을 익히는 놀라운 시간이다. 표준을 초월하여 보는 것에는 하나님 나라의 원칙을 붙드는 일이 포함된다. 하나님 나라를 재발견하는 것이 포함된다.

하나님 나라의 일부로 사는 것은 매일의 삶과는 상당히 다르다. 하나님 나라는 '표준을 초월한' 곳이다. 하나님 나라에서는 다음이 표준이다.

1. 왕이 다스리신다. 그분은 창조주로 모든 것, 모든 장소를 주관하신다.
2. 왕은 백성을 선택한다. 천국 시민권은 특권이다.
3. 왕은 위임한 모든 권위의 근원이시며, 백성들에게 권위를 위임하신다.
4. 왕은 완전한 의로 그분의 나라를 통치하신다.
5. 왕은 백성들에게 그분의 뜻, 의도, 바람, 목적을 전달하신다.
6. 왕은 백성들이 그분의 뜻을 알고 순종하길 원하신다.
7. 왕은 그가 쓰신 글로 백성들에게 말씀하시고 성령님을 통해서 그들의 영에 직접 말씀하신다.
8. 왕의 뜻, 의도, 바람, 목적은 그분의 원칙, 교훈, 법, 체계를 통해 표현된다.
9. 왕은 행동규범을 주장하신다.
10. 왕은 백성들이 그분의 가치와 도덕적 기준을 이루게 하신다.
11. 하나님 나라의 문화는 그 나라의 시민인 교회를 통해 표출된다.
12. 하나님 나라의 문화는 백성들의 언어, 옷, 식습관, 가치, 도덕, 자존감으로 나타난다.
13. 왕은 그의 자원을 공유한다.
14. 하나님 나라는 복지 국가가 아니다. 번성하는 경제는 백성들의 성실에 달려있다.
15. 왕은 천사 군대로 시민들을 보호한다.
16. 왕은 백성들을 교육시킨다. 그는 백성이 하나님 나라가 어떠한 곳이지 기억하길 원한다.
17. 하나님 나라는 빛과 영광으로 가득하다. 왕의 의와 긍휼과 자비로움이 만연해있다.
18. 하나님 나라의 백성은 왕이 허락하는 시련과 위기를 통해 순종을 배운다.

19. 하나님 나라의 백성은 경외와 감사로 왕을 예배한다.
20. 하나님 나라의 백성은 왕이 위임한 권위로 하나님 나라의 영토를 확장한다.

표준을 초월해서 보라. 보이는 세상이 표준이 아니다, 하나님 나라가 표준이다.

아홉 번째: 자원의 참된 본질을 파악하라

당신은 하나님이 주신 자원을 파악할 필요가 있다. 그중 일부만이 실제적이고 물질적인 소유이다. 다른 자원에는 당신의 재능과 성품이 포함된다. 또 다른 자원은 시간이다. 그리고 가장 중요한 것 가운데 하나는 당신의 믿음이다.

예수님이 말씀하셨듯이

"너희의 삶은 소유 그 이상의 것으로 이루어져 있다"(마 6:25 참조).

당신의 모든 자원을 잘 관리하여 번성해야 한다. 자원을 어떻게 관리하고 투자하느냐에 따라 미래 자원은 결정된다. 하나님은 추가로 자원을 주시기 전에 기존의 자원을 얼마나 잘 관리하는지 확인하신다. 하나님은 문제와 위기를 통해 자원관리 능력을 시험하신다.

하나님 나라에서 관리 능력의 중요한 부분은 관대함이다. 당신은 자발적으로 십일조를 하는가? 기꺼이 자신을 낮추어 열심히 일하면서 섬김의 왕이신 분을 본받고 있는가?

우수한 관리는 관리되는 대상에 가치를 더하는 일이 포함된다. 이 일에 에너지와 재능을 투자해야 한다. 당신이 자원의 참 본성을 이해한다면 그 참된 가치 또한 인식하게 될 것이다.

열 번째: 믿음으로 행동하라

당신은 하나님의 나라와 하나님의 관리 임무에 대해서 말할 수 있다. 그러나 무언가를 하지 않으면 그만한 가치가 없다. 행동해야 한다. 아무것도 하지 않으면서 위기를 극복할 수 있는 사람은 없다.

구약은 선한 왕과 악한 왕들에 대한 이야기로 가득 채워져 있다. 이스라엘 민족에게 왕이 세워진 후 끊임없이 반복되었다. 선한 왕, 악한 왕, 선한 왕, 악한 왕…. 의로운 왕의 아들이 사악한 계획을 품어 악한 왕이 되었고 그 반대의 경우도 있다. 이들 중 일부는 정말 좋지 않은 악한 소식이었다. 그들은 위기 제조자들이었다.

그러나 신실한 성품으로 원칙들을 지켜 선한 왕으로 불린 사람들이 있었다. 이들은 이스라엘과 유다를 참 왕이신 하나님께로 돌이키기 위해 몇 번이고 애썼다. 선한 왕들이 왕위에 오를 때 문제와 위기는 하나님의 도움으로 신속히 해결될 수 있었다.

구약의 열왕기상하와 역대상하는 위기의 책으로 불린다. 하나의 위기를 피해 잠잠해지면 또 다른 위기가 찾아온다. 왕과 백성들은 위기에 늘 노출되어 있었다. 오늘날과 마찬가지로 당시의 문화는 상충되었고 인간의 야망과 탐욕은 인생을 비참하게 만들었다.

그때 자리를 박차고 나와 하나님의 뜻에 순종하고 믿음으로 행하여 대적을 이긴 한 사람이 있었다. 다윗은 선한 왕들 중 으뜸이다. 그리고 대적을 이긴 그의 승리는 하나님을 영화롭게 하는 찬미로 지금도 울려 퍼지고 있다.

여호와는 나의 반석이시요 나의 요새시요 나를 위하여 나를 건지시는 자시요 내가 피할 나의 반석의 하나님이시요 나의 방패시요 나의 구원의 뿔이시요 나의 높은 망대시요 그에게 피할 나의 피난처시요 나의 구원자시라 나를 폭력에서 구원하셨도다 내가 찬송 받으실 여호와께 아뢰리니 내 원수들에게서 구원을 받으리로다 사망의 물결이 나를 에우고 불의의 창수가 나를 두렵게 하였으며.

내가 환난 중에서 여호와께 아뢰며 나의 하나님께 아뢰었더니 그가 그의 성전에서 내 소리를 들으심이여 나의 부르짖음이 그의 귀에 들렸도다.

화살을 날려 그들을 흩으시며 번개로 무찌르셨도다.

그가 위에서 손을 내미사 나를 붙드심이여 많은 물에서 나를 건져내셨도다 나를 강한 원수와 미워하는 자에게서 건지셨음이여 그들은 나보다 강했기 때문이로다 그들이 나의 재앙의 날에 내게 이르렀으나 여호와께서 나의 의지가 되셨도다 나를 또 넓은 곳으로 인도하시고 나를 기뻐하시므로 구원하셨도다 여호와께서 내 공의를 따라 상 주시며 내 손의 깨끗함을 따라 갚으셨으니 이는 내가 여호와의 도를 지키고 악을 행함으로 내 하나님을 떠나지 아니하였으며.

주께서 곤고한 백성은 구원하시고 교만한 자를 살피사 낮추시리이다 여호와여 주는 나의 등불이시니 여호와께서 나의 어둠을 밝히시리이다 내가 주를 의뢰하고 적진으로 달리며 내 하나님을 의지하고 성벽을 뛰어넘나이다 하나님의 도는 완전하고 여호와의 말씀은 진실하니 그는 자기에게 피하는 모든 자에게 방패시로다 여호와 외에 누가 하나님이며 우리 하나님 외에 누가 반석이냐 하나님은 나의 견고한 요새시며 나를 안전한 곳으로 인도하시며 나의 발로 암사슴 발 같게 하시며 나를 나의 높은 곳에 세우시며 내 손을 가르쳐 싸우게 하시니 내 팔이 놋 활을 당기도다 주께서 또 주의 구원의 방패를 내게 주시며 주의 온유함이 나를 크게 하셨나이다 내 걸음을 넓게 하셨고 내 발이 미끄러지지 아니하게 하셨나이다 내가 내 원수를 뒤쫓아 멸하였사오며 그들을 무찌르기 전에는 돌이키지 아니하였나이다.

여호와의 사심을 두고 나의 반석을 찬송하며 내 구원의 반석이신 하나님을 높일지로다.

나를 원수들에게서 이끌어 내시며 나를 대적하는 자 위에 나를 높이시고 나를 강포한 자에게서 건지시는도다 이러므로 여호와여 내가 모든 민족 중에서 주께 감사하며 주의 이름을 찬양하리이다 여호와께서 그의 왕에게 큰 구원을 주시며(삼하 22:2-5, 7, 15, 17-22, 28-38, 47, 49-51).

승리자가 되자

이 책을 쓰는 동안 전 세계의 금융위기는 갈수록 악화되고 있다. 당신과 나는 이 사태가 오래 지속될 것을 안다. 우리는 이 책에 담긴 원칙과 지혜가 필요하다. 앞으로 새로운 위기에 직면할 것이기 때문이다.

처음부터 말했듯이 하나님 나라에서 위기의 면제 대상은 없다. 그러나 하나님 나라는 절대 위기에 처하지 않는다. 우리는 그 나라의 백성으로 믿음 안에서 위기를 다루어야 한다. 하나님이 위기를 허락하시는 이유는 우리를 성장하도록 돕기 위함이다.

하나님은 우리가 모든 면에서 그분의 형상으로 성장하길 원하신다. 우리가 살고 있는 혼잡한 세상에 그분의 나라의 문화를 반영하길 원하신다. 하나님은 우리가 직면하는 모든 세상 위기 속에서 문제의 일부가 아니라 해결책의 일부가 되길 원하신다. 하나님 나라의 원칙대로 살고 그 나라의 문화를 드러내길 원하신다.

위기는 예수님이 다시 오실 때까지 이 땅에서 풀어야 할 인생의 일부이다. 당신은 위기를 어떻게 처리할 것인가? 당신은 믿음, 안정, 관리 능력, 인내, 그리고 하나님이 주신 재능에 대한 확신을 세상에 어떻게 드러낼 것인가?

당신은 도전을 이겨낼 것인가?

마지막으로 도전 과제를 하나 주겠다. 이 책은 앞으로 6개월에서 5년 동안 교재가 될 것이다. 이 지면에서 나누었던 조언들을 마음에 품고, 직면하게 될 위기에 '기본적인 대응책'으로 만들어라. 나의 도전은 간단하다. 위기의 반대편에서 만나자. 당신보다 먼저 가서 기다리고 있겠다.